AIMER SON PROCHAIN COMME SOI-MÊME

Couverture
- Conception:
  DANIEL JALBERT

Maquette intérieure
- Conception graphique:
  JEAN-GUY FOURNIER

DISTRIBUTEURS EXCLUSIFS:

- Pour le Canada:
  AGENCE DE DISTRIBUTION POPULAIRE INC.*
  955, rue Amherst, Montréal H2L 3K4 (tél.: 514-523-1182)
  *Filiale de Sogides Ltée

- Pour la France et l'Afrique:
  INTER-FORUM
  13, rue de la Glacière, 75013 Paris (tél.: 570-1180)

- Pour la Belgique, la Suisse, le Portugal, les pays de l'Est:
  S.A. VANDER
  Avenue des Volontaires, 321, 1150 Bruxelles (tél.: 02-762-0662)

Joseph Murphy

AIMER SON PROCHAIN COMME SOI-MÊME

 le jour,
éditeur

DU MÊME AUTEUR

dans la collection

Le miracle de votre esprit
La puissance de votre subconscient
Triomphez de vous-même et des autres
Ces vérités vont changer votre vie

Ce livre a été publié en anglais sous le titre:
Living without strain
chez DeVorss & Co., Publishers, Marina del Rey, California

Bibliothèque nationale du Québec
Dépôt légal — 1er trimestre 1984

ISBN 2-89044-150-4

Le Livre de Job compte parmi les textes les plus importants, profonds et riches de signification de toute la Bible. Il a été l'objet au cours des siècles d'une abondante exégèse théologique et philosophique. Il traite d'abord de la souffrance humaine à travers l'histoire d'un homme qui, sans que sa conduite l'ait justifié, voit fondre sur lui les pires calamités, pour retrouver à la fin paix, bonheur et prospérité. Le caractère sublime de l'expression, la beauté de l'imagerie et sa pertinence psychologique en font une source d'inspiration intarissable. La profondeur des sentiments et le contenu mystique du Livre de Job lui permettent d'atteindre nos fibres les plus intimes, et nous communiquent ainsi le chant éternel du triomphe et de la victoire, et la force de vaincre tous les obstacles.

Les vérités éternelles révélées dans le Livre de Job forment un précieux trésor vers lequel nous pouvons tous nous tourner, car il puise à la sagesse même et à la lumière de Celui qui est depuis toujours. Il incarne la grande Loi de l'existence.

L'oeuvre se divise en cinq parties:

1. Le prologue, qui, ainsi que l'épilogue est écrit en prose;
2. La suite de dialogues entre Job et ses amis;
3. Le discours d'Élihu;
4. Les discours de Yahvé et les courtes réponses de Job;
5. L'épilogue.

Il renferme également deux genres littéraires bien distincts: la prose narrative et la poésie didactique, et tous deux sont exploités avec autant d'art et de bonheur. Le

Livre de Job consiste essentiellement en une investigation psychologique des mystères de la vie. Les spécialistes ignorent le nom de son auteur, mais ils rangent l'oeuvre au nombre des Livres sapientaux, dont il est certainement l'un des plus grands. Le drame qui nous est représenté est tiré de la légende, mais il reflète néanmoins le destin de l'humanité tout entière. Du point de vue spirituel, nous sommes tous comme Job alors que nous sortons du brouillard et que la lumière intérieure nous régénère, alors que nous commençons à sentir la présence divine croître en nous, à partir de la souffrance et de la misère, pour émerger finalement dans la vision béatifique!

Commentaire du premier chapitre du Livre de Job

(1) Il y avait jadis, au pays de Uç, un homme appelé Job: un homme intègre et droit qui craignait Dieu et se gardait du mal. (2) Sept fils et trois filles lui étaient nés. (3) Il possédait aussi sept mille brebis, trois mille chameaux, cinq cents paires de boeufs et cinq cents ânesses avec de très nombreux serviteurs. Cet homme était le plus fortuné de tous les fils de l'Orient. (4) Ses fils avaient coutume d'aller festoyer chez l'un d'entre eux, à tour de rôle, et d'envoyer chercher leurs trois soeurs pour manger et boire avec eux. (5) Or, une fois terminé le cycle de ces festins, Job les faisait venir pour les purifier et, le lendemain, à l'aube, il offrait un holocauste pour chacun d'eux. Car il se disait: « Peut-être mes fils ont-ils péché et maudit Dieu dans leur coeur? » Ainsi faisait Job, chaque fois. (6) Le jour où les Fils de Dieu venaient se présenter devant Yahvé, le Satan aussi s'avançait parmi eux. »

Le premier verset signifie que nous faisons tous partie de ce monde d'Uç, celui de la soumission aux conditions de l'existence. Nous sommes conditionnés par l'influence de nos parents, par notre environnement, et par toute une tradition de pensée que nous avons héritée des générations antérieures. Chaque individu est en fait constitué par un ensemble de croyances, d'opinions et de concepts qui camouflent le *moi* véritable. Le vocable qui désigne l'*homme* en sanskrit veut dire: « celui qui mesure ». Ainsi l'homme est un esprit qui mesure, qui évalue toute chose. Nous nous trouvons au pays d'Uç, donc dans un monde de limites et de restriction, jusqu'à ce que nous nous éveillions à nos potentialités intérieures. Chaque enfant qui naît dans ce monde est une incarnation de l'Éternel.

Nous venons au monde pour connaître la joie de découvrir notre véritable nature. Si nos forces intérieures pouvaient s'exercer sans entraves, nous ne pourrions jamais découvrir ce que nous sommes vraiment. C'est parce que nous avons le choix d'utiliser ces forces positivement ou négativement que nous pouvons grandir, évoluer et déduire d'après elles certaines des lois de l'existence. Nous sommes tous enchaînés par notre première instruction religieuse et nos croyances doctrinales, jusqu'à ce que nous découvrions les capacités créatrices de notre esprit, qui nous permettent de changer ces conditions et de réaliser nos désirs les plus chers. En découvrant les lois mentales et spirituelles de l'existence nous nous libérons du joug des circonstances. Le monde des opinions et des fausses apparences perd ainsi son emprise quasi hypnotique sur nous.

Pour arriver à éveiller en nous ces forces suprêmes, nous devons cesser de nous conduire en enfants et briser l'identification infantile avec notre être corporel. Nous devons prouver que nous ne sommes pas chair, mais que nous fonctionnons simplement dans la chair. Toutes nos pensées et nos émotions, tous nos sentiments et nos rêves sont invisibles: on ne peut voir non plus ni notre âme, ni notre esprit, ni notre foi, ni notre amour, ni nos joies, ni nos peines, ni nos désirs ou nos aversions, qui sont aussi toutes choses invisibles. Mais ce sont elles qui nous constituent néanmoins! Nous sommes beaucoup plus que notre seul corps, qui n'est qu'une manifestation de notre esprit dans la matière.

Le premier verset du texte nous dit que Job était « un homme intègre et droit qui craignait Dieu et se gardait du mal ». La plupart des enfants qui sont le fruit de l'amour viennent au monde sains et exempts d'infirmités. Pendant notre jeunesse nous ignorons la maladie, nous débordons d'énergie, de joie et d'enthousiasme. Nous ne sommes touchés ni par les guerres, ni par les crimes, ni par l'inhumanité des hommes envers leurs semblables. Les contradictions qu'entretiennent les diverses religions ne nous troublent pas non plus, de même que les superstitions grossières de la masse. Au berceau, nous étions innocents et nous jouions certainement en imagination avec les anges.

Les « sept fils » que nous retrouvons au deuxième verset représentent la vue, le toucher, le goût, l'ouïe, l'odorat, la raison et la capacité de reproduction. Lorsque nous sommes jeunes ces facultés sont utilisées de façon active et positive et la plupart du temps dans des expériences plaisantes. Lorsqu'elles deviennent essentiellement passives et réceptives, soumises à des influences extérieures négatives et à des conceptions fausses, elles deviennent alors symbolisées par sept filles. (Ainsi, en Égypte, Moïse rencontre sept filles. Exode 2:16).

Les sept filles mentionnées au second verset se retrouvent aussi en chacun de nous. Elles sont la trinité des forces créatrices qui nous permettent de réaliser nos idées en tant que forme, expérience et événements. Il existait déjà des doctrines trinitaires bien avant l'avènement du christianisme; dans l'Inde antique, par exemple, à Babylone, en Chine, en Égypte et dans tous les pays de l'hémisphère nord. En Chine, cette trinité était formée du père, de la mère et de l'enfant, c'est-à-dire de l'idée, du sentiment et de l'événement. Il faut au départ deux éléments pour en former un troisième. Une pensée claire et définie et la chaleur de nos sentiments peuvent se conjuguer en un troisième terme, qui sera l'exaucement de la prière.

Les Hébreux de l'Antiquité écrivaient selon une symbolique où le chiffre dix, résultat de l'addition de sept et trois, représentait l'action de Dieu dans nos vies. Le chiffre zéro symbolise l'élément féminin et le un l'élément masculin; le Livre de Job nous explique donc dans un langage très simple l'interaction des principes masculins et féminins à l'intérieur de nous, ou, en d'autres termes, la dynamique de notre conscience et de notre inconscient. Un nombre était associé à chacune des lettres de l'alphabet hébreu, et lorsque l'on additionne chacun de ceux rattachés aux lettres formant le nom de Job, nous obtenons le chiffre dix, représentant l'homme complet:

$$\begin{matrix} J & O & B \\ 1 & 7 & 2 \end{matrix} = 10$$

La partie inconsciente de notre esprit peut être représentée par l'image de la femme, et la partie consciente par celle de l'homme. Notre corps est simplement l'instrument de notre esprit. C'est du jeu perpétuel auquel se livrent le conscient et l'inconscient que naissent toutes nos expériences, positives ou négatives. Une relation harmonieuse entre ces deux éléments apporte la santé, le succès et la joie. On peut considérer nos pensées, nos buts et nos ambitions comme constituant l'élément masculin de notre personnalité, et nos sentiments, notre foi, notre réceptivité comme l'élément féminin. Ces deux principes coexistent en tous les êtres, et c'est grâce à eux que nous arrivons à exprimer ce que nous ressentons et ce que nous considérons comme vrai au plus profond de nous-même. Lorsque la pensée et le sentiment s'unissent pour ne plus former qu'un, cet « un » est une manifestation du Dieu agissant. La force créatrice divine s'exerce alors concrètement, soit en tant que pouvoir de guérison, soit en tant qu'initiative, ou soit dans la faculté de trouver sa vraie place dans le monde.

Il n'existe qu'une seule force créatrice dans l'univers tout entier, et cette force nous l'appelons Dieu. En découvrant le pouvoir de nos pensées et de nos sentiments, nous découvrons en même temps le pouvoir de Dieu en nous. Toutes les épreuves, les calamités et les déchirements qui marquent notre époque névrotique viennent du manque d'harmonie entre la conscience et l'inconscient, entre les aspects masculin et féminin de l'esprit. Lorsque l'on n'impose que des concepts justes à l'inconscient, ils génèrent en nous des sentiments positifs. Alors, la tête et le cœur, les principes féminin et masculin travaillent dans l'unité et l'harmonie. Si, au contraire, nos pensées sont mauvaises, nos sentiments le seront aussi, car ils dépendent directement des premières. Au moment où nos pensées sont marquées par la peur, le vice, ou la volonté de destruction, ils génèrent dans les replis les plus secrets de notre inconscient des sentiments négatifs très puissants. Ces émotions comprimées au-dedans de nous viennent à former des complexes, et, puisqu'une émotion doit absolument s'exprimer de quelque façon que ce soit, elles peuvent alors donner naissance à des maladies ou aux aberrations mentales les plus funestes.

Passons maintenant à l'analyse des versets cinq, six et sept. Notre premier geste chaque matin au saut du lit devrait être de communier en pensée avec Dieu et d'invoquer sa bénédiction pour toutes les entreprises de la journée. Il faut placer Dieu au premier rang dans notre vie. Les fils dont il est fait mention au cinquième verset figurent nos pensées, nos projets, nos intentions, qui doivent d'abord être sanctifiés en les confrontant à la mesure divine de ce qui est noble, aimable et juste. Ne vous en voulez pas si parfois vos fils (ou vos pensées) se révèlent être négatifs ou échappent à votre contrôle, mais tentez d'emplir votre esprit de la Vérité divine, afin de refaire le plein spirituellement. Cet état dépressif peut être dû à l'action du grand océan d'influences psychiques dans lequel nous vivons. La peur, la haine, la jalousie, le doute et l'esprit d'intrigue sont profondément ancrés en nous depuis la nuit des temps, et lors d'un moment d'inattention, ces vibrations négatives peuvent prendre possession de notre esprit. C'est pourquoi nous nous sentons tristes et abattus. Un certain lieu peut aussi dégager une atmosphère négative qui imprègne notre psychisme, ramollit notre enthousiasme et, de façon générale, bride notre ardeur. Lorsque cela se produit, il faut rentrer en soi-même, chasser ces mauvaises pensées avec l'épée de la vérité et de la connaissance, et affirmer sa foi dans l'amour et la bonté de Dieu.

Au sixième verset, les « Fils de Dieu » représentent les pensées positives qui surgissent du plus profond de soi sous la forme d'inspirations ou de désirs saints. Satan incarne l'opposition à ces pensées, l'ennemi.

Il nous est donc révélé ici que cet ennemi se trouve à l'intérieur de notre propre maison. C'est au-dedans de nous-même qu'il faut rechercher la source de nos pensées négatives. Le dialogue figuré entre Dieu et Satan au septième verset nous montre le débat qui a lieu dans notre esprit lorsque nous rejetons nos pensées négatives et que nous acceptons de poursuivre notre idéal.

Yahvé figure notre plus grand désir, la pensée qui domine toutes les autres dans notre esprit. Cela peut être le désir de guérir d'un mal quelconque, de faire le bon choix devant une situation trouble, ou celui de trouver sa véritable place. Nous savons que nos pensées naissent par couples. Au moment où nous souhaitons recouvrer la santé, il s'élève immédiatement en nous un concept négatif qui vient s'opposer au premier. Au moment où nous désirons la richesse, une voix intérieure vient nous rappeler que nous sommes sans le sou, qu'il n'y a pas d'espoir, que la situation est irrémédiable. Il n'existe pas de *Démon* véritable qui parcourt la Terre en semant des pensées négatives dans l'esprit des hommes, mais pour chaque « oui » dans le monde, il existe aussi un « non ». Le supposé Démon incarne plutôt la croyance en une force qui s'opposerait à celle de Dieu, ce qui crée dans l'esprit un état instable de conscience dédoublée. L'Ennemi, le Destructeur, l'Adversaire ou le Démon représentent simplement une croyance dans l'échec, dans la maladie, dans nos limites, bref, dans tous les sentiments d'impuissance ou d'incapacité que nous laissons pénétrer dans notre esprit. Les démons qui nous hantent, ce sont nos haines, nos jalousies, nos peurs et nos inquiétudes.

Le mot « Satan » signifie: errer, se détourner et s'éloigner de Dieu, de la vérité, et de la croyance en une force unique. Satan représente aussi une part de nos atavismes, le pouvoir hypnotique qu'exerce sur nous l'idée de manque et de misère que nous transportons de génération en génération à travers les siècles. Satan est le néant qui voudrait être quelque chose. Nous ne parvenons à lui échapper complètement que lorsque nous déracinons en nous toute pensée d'incapacité ou d'échec dans nos entreprises. Nous devons délibérément fermer notre esprit aux doutes et aux craintes, car ce ne sont que des calomnies de la Toute-Puissance divine qui habite aussi en nous. L'idée d'échec n'a qu'une existence illusoire, et aucune existence véritable.

(7) Yahvé dit alors à Satan: « D'où viens-tu? »
— « De rôder sur terre, répondit-il, et d'y flâner. »

Nous apprenons au verset 7 que l'existence de Satan n'est qu'un mythe, car il n'existe aucune créature au monde qui puisse rôder ainsi sur la terre entière. Une personne que je connais depuis fort longtemps avait placé toute sa confiance dans un ami qui était aussi son associé en affaires. Mais ce dernier se révéla être indigne de cette confiance et disparut un jour avec tous les fonds de l'entreprise. Mon ami fut fortement tenté d'entretenir des pensées haineuses envers cette personne et de lui souhaiter toute sorte de maux. Il me dit un jour: « J'avais accepté cet homme chez moi. Je m'étais lié d'amitié avec lui et lui avais fait don de la moitié des actions de mon entreprise, sans aucune considération financière. » Il devenait de plus en plus amer jusqu'à ce que je lui eusse indiqué les dangers d'une telle passion destructrice et les résultats désastreux qu'elle pourrait entraîner. Alors on se rendit compte que le véritable ennemi n'était pas l'autre personne, mais ses sentiments de haine et de vengeance qui, à la longue, auraient pu le détruire physiquement et moralement. Il rejeta alors toute tentation de penser à son ex-associé de façon négative ou destructrice, et se mit à invoquer la lumière de l'Esprit Saint pour qu'elle inonde sa vie, demandant régulièrement à Dieu amour et conseil. Il modifia ses pensées afin de se conformer à la loi divine de l'amour et de la bonne volonté. Il se mit à prier pour son ami et à le bénir en pensée, alors que ce dernier avait disparu dans un pays étranger pour n'en plus jamais revenir. Chaque fois que son image lui venait à l'esprit, il disait intérieurement: « Que Dieu soit avec lui. » Il arriva enfin à pouvoir songer sans haine à son ex-associé, et à projeter vers lui des pensées chargées de paix divine. Le véritable test du pardon est de se demander: « Comment est-ce que je rencontre en imagination l'image d'un tel ou d'une telle? Est-ce que je projette vers eux bonne volonté et bénédictions? » Si un flot de paix et de bonne volonté envahit votre coeur, vous pouvez être certain d'avoir réussi à nettoyer à la fois votre conscience et votre inconscient de toute mauvaise pensée.

> (8) Et Yahvé reprit: « As-tu remarqué mon serviteur Job? Il n'a point son pareil sur la terre: un homme intègre et droit, qui craint Dieu et se garde du mal! » (9) Et Satan de répliquer: « Est-ce pour rien que Job craint Dieu? (10) Ne l'as-tu pas entouré d'une haie, ainsi que sa maison et son domaine alentour? Tu as béni toutes ses entreprises, ses troupeaux pullulent dans le pays. (11) Mais étends la main et touche à ses biens; je te jure qu'il te maudira en face! »

Nous voyons ici Satan qui répond à Dieu: « Bien sûr, Job vous est fidèle tant que sa propriété dure. Mais que sa fortune change et aussitôt il vous reniera et vous insultera. » Le destin de Job est celui de tous les mortels sans exception. Nous sommes toujours déchirés entre ce que nous sommes et ce que nous croyons être. C'est seulement en étant conscients de ce qui se passe dans notre esprit que nous pouvons résoudre ce problème.

Il y a en nous le désir de grandir, de réussir, de poser des gestes et d'avancer. Il y a aussi une impulsion cosmique divine de libérer la force que Dieu nous a donnée et d'utiliser nos talents. Mais les conditions de notre existence, l'opinion d'autrui et le sentiment de peur qui hante parfois notre conscience freinent nos efforts. Les conditions matérielles semblent souvent compromettre la réalisation de nos désirs.

Une personne souhaite la guérison, mais on lui dit que son mal est incurable et sa situation sans espoir. Elle prête l'oreille aux discours de son entourage, se laisse faussement impressionner par la barrière qu'il érige entre elle et son but, et finit par succomber par manque d'espoir. Voilà un exemple de la lutte éternelle que se livrent en nous les deux natures de l'homme, celle qui est plus proche de la terre et celle qui est plus proche de Dieu, de la querelle entre nos idéaux et les conditions de notre existence, entre nos aspirations spirituelles et nos comportements ataviques.

Notre véritable maître est l'idée qui domine toutes les autres dans notre esprit. Ce qui nous intéresse avant tout règle à la fois toutes nos pensées et toutes nos émotions. Malades, nous devons détacher notre attention de la douleur et des symptômes de la maladie et nous concentrer sur le pouvoir de guérison que Dieu a placé en chacun de nous. L'on doit imaginer que notre corps en entier est transformé par sa bienfaisante présence, sachant que lorsque nous l'invoquons, nous recevons en retour immanquablement la santé et l'harmonie parfaites. En concentrant les facultés de notre esprit sur le pouvoir de guérison de Dieu, nous nous trouvons du même coup élevés en sa présence.

Mais alors que nous prions pour retrouver la santé, Satan, c'est-à-dire les mauvaises pensées, nous défie en essayant de nous faire douter de la puissance de Dieu. Le vieux doute se moque de nous en disant: « C'est impossible. » « Il est trop tard. » « La maladie est trop avancée. » « C'est sans espoir. » Et c'est Satan qui se manifeste ainsi parallèlement à nos buts et à nos ambitions chaque fois que nous sommes obsédés par nos limites et le sentiment de notre impuissance.

Le docteur Phineas Parkhurst Quimby, qui fut un pionnier de la guérison psychique en Amérique, utilisait pour arriver à ses fins la méthode argumentative, qui est encore pratiquée aujourd'hui. Quimby disait à ses patients: « Confiez-moi votre cause et je plaiderai devant le Grand Tribunal afin de prouver votre innocence », et il obtenait des résultats très intéressants. Le principe se résumait à faire prendre conscience au patient que la maladie était causée par une erreur de jugement ou parce que l'esprit, mal guidé, se laissait envahir par des images distordues de la réalité. Quimby cherchait à convaincre le patient de ce que les pensées sont des objets réels et que l'esprit véritable n'existe qu'en Dieu. Il appuyait son plaidoyer par la démonstration que la peur et la maladie ne venaient pas de Dieu, mais de pensées négatives, et que ces pensées se concrétisaient et prenaient la forme de tumeurs, de tuberculose, etc. Il expliquait à ses patients que leurs peurs n'étaient pas fondées, puisqu'il n'existe aucune puissance véritable à part Dieu. Il faisait comprendre que Dieu ne pouvait être ni malade, ni malheureux et qu'il ne connaissait aucune limite, et que les problèmes et la souffrance appelaient Satan, puisqu'ils s'opposent aux véritables valeurs spirituelles qui garantissent le développement de l'être humain. Le côté négatif de l'esprit n'a pas de véritable principe derrière lui, pas de force pour le soutenir, ce n'est qu'une ombre, que la négation des valeurs positives.

Quimby enseignait à ses patients à se soumettre entièrement à la puissance régénératrice de la Présence Divine. La méthode qu'il prônait consistait à contempler Dieu dans toute sa perfection et à régir son esprit selon les archétypes divins d'harmonie, de santé et de paix. Il obtint grâce à cette méthode des résultats remarquables. Nous pouvons échapper à Satan en nous détachant de l'évidence que nous livrent nos sens, pour nous ouvrir mentalement à la sagesse du Tout-Puissant.

Nous devons toujours garder Dieu et son amour présents à notre esprit, car c'est au point focal de notre attention qu'opère en nous la force créatrice de l'Éternel. Tel était le secret des miraculeuses guérisons opérées par le docteur Quimby, et le même mécanisme peut aussi être infiniment fructueux pour nous.

> (15) Quand les Sabéens ont fondu sur eux et les ont elevés, après avoir passé les serviteurs au fil de l'épée; moi, le seul rescapé, je me suis sauvé pour te l'annoncer. » (16) Il parlait encore quand un autre survint et dit: « Le feu de Dieu est tombé du ciel; il a brûlé les brebis et les pâtres jusqu'à les consumer. Moi, le seul rescapé, je me suis sauvé pour te l'annoncer. » (17) Il parlait encore quand un autre survint et dit: « Tes fils et tes filles étaient en train de manger et de boire du vin dans la maison de leur frère aîné. »

Lorsqu'il est question dans ces lignes de Sabéens ou de Chaldéens, ceux-ci représentent les notions d'incapacité ou d'excès, ainsi que la croyance au pouvoir des astres et à l'existence d'enchaînements au passé, telle la loi du Karma, qui pénètrent l'esprit de Job pour son plus grand malheur.

> (21) et dit: « Nu, je suis sorti du sein maternel, nu j'y retournerai. Yahvé avait donné, Yahvé a repris: que le nom de Yahvé soit béni! »

Nous observons ici la loi impersonnelle de la cause et de l'effet. Cette loi fait naître la santé et la maladie, la paix ou la douleur, la joie ou le chagrin, la pauvreté ou l'abondance avec la même constance. « Je façonne la lumière et je crée les ténèbres, je fais le bonheur et je crée le malheur, c'est moi Yahvé, qui fait tout cela. »

Nous devons reconnaître la même réalité sous les mots de *Seigneur* et de *Loi*. Cela ne revient pas à affirmer que c'est un Dieu d'amour qui a créé le mal et le démon, mais plutôt que c'est la Loi (le Seigneur) qui transforme nos pensées en événements. Si nos pensées sont néfastes, des événements néfastes s'ensuivent. Si nos pensées sont positives, elle produisent des événements positifs. L'esprit est comme l'eau, qui prend la forme du vaisseau dans lequel on le verse. À l'intérieur de nous, le vaisseau c'est notre mode de pensée et les images qui nous habitent. L'Esprit créateur s'y déverse et se transforme en expériences selon la forme qu'on lui aura donnée. Ce sont les régions les plus profondes de l'esprit, ou le subconscient, qui tisse l'étoffe de notre vie à partir de nos pensées. Donnez à l'esprit des principes qui sont vrais, nobles et conformes à l'esprit de Dieu, et votre subconscient deviendra votre meilleur ami, vous apportant tout ce qui est beau, aimable et glorieux.

Commentaire du chapitre 2 du Livre de Job

(3) Et Yahvé reprit: «As-tu remarqué mon serviteur Job? Il n'a point son pareil sur la terre: un homme intègre et droit, qui craint Dieu et se garde du mal! Il persévère dans son intégrité et c'est en vain que tu m'as excité contre lui pour le perdre.» (4) Et le Satan de répliquer: «Peau après peau! Tout ce que l'homme possède, il l'abandonne pour sauver sa vie! (5) Mais étends la main, touche à ses os et à sa chair; je te jure qu'il te maudira en face!» — (6) «Soit! dit Yahvé au Satan, dispose de lui, mais respecte pourtant sa vie.» (7) Et le Satan sortit de l'audience de Yahvé. Il affligea Job d'un ulcère malin, depuis la plante des pieds jusqu'au sommet de la tête. (8) Job prit un tesson pour se gratter et il s'installa parmi les cendres. (9) Alors sa femme lui dit: «Pourquoi persévérer dans ton intégrité? Maudis donc Dieu et meurs!»

Comment pourrait-on mieux juger de notre foi et de notre confiance en Dieu que par notre réaction devant l'épreuve? Quand tout va mal, quand nous avons perdu un être cher, ou que nous sommes frappés par la maladie, comment réagissons-nous? C'est alors qu'il est temps d'appliquer nos connaissances des lois de l'esprit et de garder les yeux bien fixés sur le but que nous nous sommes donné. Considérons que nous l'avons déjà atteint, puisqu'il est si profondément ancré dans notre coeur. Nos désirs ont la même existence concrète que nos membres, acceptons-les, et ils prendront aussi leur place dans l'espace. Si nous trébuchons lors d'une course, nous nous relevons avec le sourire car nous savons que la victoire sera nôtre la prochaine fois.

Lorsque l'on est choyé par l'existence, alors que notre richesse croît petit à petit, nous sommes tentés d'oublier Dieu et de cesser de prier. Par contre, si le sort s'acharne sur nous, nous nous posons toutes sortes de questions. « Que m'est-il arrivé? Je ne m'attendais pas du tout à avoir cette maladie? J'en ignorais l'existence. Pourtant je ne hais personne. J'ai tenté toute ma vie de faire le bien. Je fais l'aumône à chaque occasion. Je vais à la messe, etc. »

Nous apprenons au verset 7 que Job était affigé d'un ulcère depuis les pieds jusqu'à la tête. Au neuvième verset, sa femme lui suggère de maudire Dieu et de mourir. La femme de Job symbolise nos sentiments et nos réactions; nous maudissons Dieu lorsque la mort vient nous arracher un enfant ou lorsque nous sommes frappés par le malheur. Il est d'une importance capitale que nous nous rendions compte qu'*il advient de nous ainsi que nous croyons qu'il doit advenir*. Une croyance est une pensée, un fruit de notre esprit. Un homme peut être un bon pratiquant, il peut observer tous les commandements et se soumettre à tous les rites et à toutes les cérémonies, et être quand même en proie à la souffrance, à la tragédies et à toutes sortes de malheurs. C'est la façon dont un homme ressent, pense et croit dans son coeur qui compte; en d'autres termes, les mouvements du coeur finissent toujours par se révéler de façon manifeste. Ainsi un bon bouddhiste, un chrétien, un musulman ou un juif peut se soumettre fidèlement aux directives de chacune de ces religions, et néanmoins être en butte à la souffrance, à la douleur et au manque. *L'Homme est tel qu'il se croit dans son coeur.* Le « coeur » est un terme chaldéen désignant le subconscient, le siège de nos sentiments et de nos émotions.

J'ai connu une femme qui menait une vie exemplaire aux yeux du monde. Elle allait à l'église régulièrement, donnait généreusement aux oeuvres de bienfaisance, rendait visite aux malades et donnait gratuitement des leçons de musique aux enfants pauvres du voisinage. Elle parvenait à faire tout cela quoiqu'elle eût gravement à souffrir d'arthrite. Elle me confia qu'elle croyait que Dieu la punissait pour une faute qu'elle avait commise quarante années plus tôt. Je découvris aussi qu'elle craignait la mort car elle pensait se trouver en état de péché mortel lors du jugement dernier, et elle croyait à l'existence de l'enfer. De plus, elle haïssait sa bru, quoiqu'elle lui fît de somptueux présents à Noël et à Pâques, et se donnât vraiment beaucoup de mal pour lui être agréable en apparence. Mais, en fait, elle ne faisait que compenser inconsciemment son profond sentiment de culpabilité que lui causait sa haine refoulée envers cette femme.

La foi que cette femme montrait au monde n'est pas celle dont il est question dans la Bible, qui désigne une disposition intérieure véritable, ainsi que des pensées et des sentiments profonds. Son attitude négative engendrait des émotions destructrices qui s'accumulaient dans le subconscient, et finissaient par chercher un exutoire, l'arthrite, dans le cas qui nous occupe. Sa dévotion apparente et son observance des dogmes ne pouvaient lui être d'aucun secours. *Il en sera fait de vous selon votre foi* — voilà la loi qui est inscrite dans la Bible.

La foi est une façon de penser, une attitude, une conscience et un sentiment intérieurs. Un individu peut avoir foi dans l'échec, dans l'infortune et dans la pauvreté et ces attitudes se refléteront dans sa vie. C'est la foi à l'envers. La foi véritable est ce que nous contemplons, que nous acceptons et faisons nôtre dans notre esprit; en fait, ce n'est qu'une pensée, et les pensées étant des entités créatrices, notre foi s'exprime dans un processus créateur. Nous créons autour de nous ce que nous croyons être vrai au plus profond de notre coeur et de notre esprit. C'est ce à quoi nous croyons au plus profond de notre être qui est important et non ce à quoi nous ne donnons notre accord que de façon intellectuelle ou formelle.

La guérison de la femme dont nous venons de parler se produisit à la suite d'un long exposé suivi d'une prière. Elle persévérait au début dans son refus de croire en l'existence d'un Dieu d'amour, et je fus surpris de l'étroitesse de son esprit, qui était par ailleurs brillant, en cette matière. Toute son attitude face à la religion était imprégnée d'hypocrisie morale. Elle admettait qu'elle avait soif de guérison, mais pensait que Dieu voulait qu'elle souffre en expiation de ses péchés. Je lui expliquai que nos pensées entraînaient un effet concret dans le monde et que si elle croyait que Dieu l'accablait de sa colère, la force créatrice qui l'habitait réagirait ainsi, et qu'en fait, elle se punissait elle-même. Elle se rendit peu à peu à l'évidence que son esprit répondait à la loi de l'action (ses pensées) et de la réaction (l'activité de son subconscient). Elle vit que toutes ses expériences, bonnes ou mauvaises, provenaient simplement des mouvements de son esprit selon un principe éternel et parfait. Elle se mit à considérer, selon la formule du Juge Troward, l'auteur des *Edinburgh Lectures,* que seul Dieu existe et qu'il est infini, et qu'il est physiquement et mathématiquement impossible qu'il y ait deux infinités dans l'univers. Si deux forces opposées coexistaient, il n'en résulterait que chaos et frictions constantes. S'il existait une force pouvant défier Dieu, ce ne serait pas un Dieu suprême et tout-puissant. « Écoute Israël: Yahvé notre Dieu est le seul Yahvé. » Deut. 6:4.

Elle finit par accepter le fait que ses états d'esprit s'exprimaient indéniablement à travers son corps et les événements de son existence. Elle fit alors cette prière: « L'intelligence qui m'a créée est maintenant concentrée au point exact de mon esprit où se situe le mal. L'Amour divin dissout tout ce qui lui est étranger, je me sens détendue et en paix. Un flot de paix divine pénètre tout mon être, je me sens détendue et en paix. Un flot de paix divine inonde mon âme et mon corps, et je me sens merveilleusement bien. Je pardonne de tout coeur à tous, et je souhaite que Dieu fasse descendre ses bénédictions sur ma bru et sur tous ceux qui m'entourent, et je suis libérée. »

Elle affirmait ces vérités avec lenteur, calme, révérence et amour plusieurs fois chaque jour, et elle se trouva complètement guérie un mois plus tard.

Il est écrit dans la Bible: *Si vous ne vous repentez point, vous périrez*. Se repentir consiste à changer ses pensées selon certaines normes spirituelles, à penser autrement. Si vous ne nourrissez pas votre esprit avec des pensées saines, riches et inspirantes, en d'autres termes, si vous ne pensez pas de façon constructive, tous les atavismes que vous portez en vous, le grand océan psychique dans lequel nous nous débattons, s'imposeront à votre conscience et vous vous retrouverez enchaîné et à leur merci. Nous sommes tous enveloppés par l'esprit unique, et si nos seules nourritures spirituelles consistent dans les influences négatives des médias, des journaux et de ceux qui nous entourent, qui sont de plus corrompus par les limites, les peurs et les troubles engendrés par l'esprit de la race, nous succombons à la puissance hypnotique du monde, à moins que nous n'arrivions à prendre le contrôle de nos forces mentales et émotionnelles. Voilà pourtant de soi-disant bonnes personnes menant une vie marquée par la souffrance.

Si vous adoptez une attitude d'indifférence, de paresse et d'indolence et empêchez votre esprit de se laisser emplir par la vérité divine, les pensées et les croyances négatives qui envahissent un esprit laissé à lui-même imprégneront votre subconscient, et n'oubliez pas qu'on récolte ce qu'on a semé. Dans le cas où une telle conduite est le fruit de l'ignorance des lois de l'esprit, on peut attribuer les vicissitudes de notre existence au hasard, au destin, à la malchance ou au karma, au lieu d'accepter la simple évidence que derrière chaque effet se trouve une cause. Il faut se rendre compte que le soleil brille pour tous et que la pluie tombe aussi bien sur l'homme bon que sur le méchant. Dieu ne tient aucun compte des individualités. Ce qui nous différencie de nos semblables tient uniquement à ce que nous pensons, sentons, croyons et acceptons en tant que vrai. Voilà pourquoi certains sont bien portants tandis que d'autres sont malades, certains sont riches tandis que d'autres sont pauvres, certains heureux et d'autres accablés par le malheur.

La solution n'est pas de croire en un dogme, en une liturgie, en des opinions populaires ou en certaines formules, mais plutôt en l'existence d'un Dieu d'amour et de bonté, parfaitement juste et éternel. Nous devons croire que la volonté de Dieu est que notre vie soit de plus en plus remplie par l'amour, la vérité, l'abondance et par des expériences qui transcendent nos rêves les plus chers. Ceci est une croyance véritable car c'est une croyance dans l'amour et la bonté, une foi profonde dans Sa joie parfaite, Sa beauté et Sa perfection. Vous avez placé votre foi en Dieu et en tout ce qui est bon, et tout ce qui est bon s'harmonise pour la plus grande gloire de Dieu. Vous avez la vraie foi car vous croyez en la vérité de Dieu, et vous vivez dans la joie et l'attente du bonheur — car il ne peut vous arriver que d'heureuses choses.

> (11) La nouvelle de tous les maux qui avaient frappé Job parvint à ses trois amis. Ils partirent chacun de son pays. Eliphaz de Témàn, Bildad de Shuah, Cophar de Naamat. Ensemble, ils décidèrent d'aller le plaindre et le consoler.

Les « trois amis » dont il est question représentent la tradition, la doctrine et le dogme lorsque la discipline leur fait défaut et qu'ils sont laissés à eux-mêmes. Sans la discipline, l'esprit de l'homme se scinde et les différentes parties, désorganisées, tombent sous la domination de ces tiers soi-disant amis qui sont la peur, l'ignorance et la superstition. En fait, c'est sa propre personnalité fractionnée qui tourmente Job ainsi, car celle-ci reflète les opinions du monde plutôt que la vérité libératrice.

Nous devons être réintroduits avec foi et confiance dans la présence divine qui nous habite, en laissant l'esprit d'unité, de beauté et de perfection s'exprimer à travers nous, transformant notre corps et notre esprit en l'image parfaite qu'ils formaient sur le chevalet de Dieu lorsqu'Il nous a créés. Il ne faut plus permettre à l'esprit de fabriquer d'étranges chimères, appuyées sur des théories mensongères et de faux dieux, telles la dichotomie de l'esprit et de la matière, de la chair et de l'esprit, ou la lutte entre Dieu et Satan, etc. L'invasion de l'esprit par la propagande, la maladie, la peur et autres créations du monde doit être combattue et écrasée par la présence divine qui nous habite, qui est l'unique force et l'unique cause. Vous devez puiser la connaissance aux sources de l'intelligence divine plutôt que dans le monde et ses faux prophètes.

Commencez dès aujourd'hui à penser, à parler et à agir dans l'esprit de l'amour et de la sagesse divine, plutôt que dans la peur, le doute et le souci qui nous sont imposés de l'extérieur. Vous reprendrez ainsi le chemin qui vous mènera à Dieu qui est en vous, et dont le pouvoir est immense.

Commentaire du chapitre 3, Le Livre de Job

(1) Enfin Job ouvrit la bouche et maudit le jour de sa naissance. (2) Il prit la parole et dit: «Périsse le jour qui me vit naître et la nuit qui annonça: « Un garçon vient d'être conçu! » (11) Pourquoi ne suis-je pas mort au sortir du sein, n'ai-je péri aussitôt enfanté? (2) Pourquoi s'est-il trouvé deux genoux pour m'accueillir, deux mamelles pour m'allaiter? (13) Maintenant je serais couché en paix, je dormirais d'un sommeil reposant.

Une des fonctions du Livre de Job est d'expliquer les différentes images que les hommes se forment de Dieu. Nous voyons ici Job regretter le jour de sa naissance et souhaiter être déjà mort. Les chapitres 3 à 32 traitent tous de la lutte qui nous déchire lorsque nous affrontons le monde des croyances et des opinions (Satan); tous les malheurs qui se sont abattus sur Job et qui touchèrent sa propriété, sa famille et sa santé semblaient causés par un ennemi qui se nommait Satan. J'ai énuméré ses malheurs par l'ordre d'importance que l'homme moyen leur attribue habituellement. Il est dans les habitudes des hommes de louanger Dieu et de lui rendre grâce pour ses bienfaits et ses bénédictions lorsque la fortune leur sourit, mais lorsqu'ils rencontrent des difficultés telles que celles qui ont frappé Job, ils se mettent au contraire à murmurer et à se plaindre; et souvent des malédictions et des imprécations s'échappent de leur bouche.

Le mot « Satan » dérive de la racine hébraïque *Seteh*, qui signifie « se détourner »; cela implique l'idée de se détourner, ou de détacher notre attention d'un voleur; des idées de peur tendraient à nous détourner de notre foi en Dieu et en tout ce qui est bon. Si, lorsque vous visitez un ami à l'hôpital, la peur d'attraper sa maladie pénètre votre esprit, vous devez immédiatement la chasser à l'aide de la pensée de la santé parfaite, car Dieu ne peut être atteint par la maladie, et ce qui est vrai pour Dieu l'est pour vous aussi. Si vous laissez l'image de la maladie de votre ami s'installer dans votre esprit, vous exposez celui-ci à laisser naître en son sein une image de maladie. Nous retrouvons la même idée au passage où il est dit: « Car les desseins du coeur de l'homme sont mauvais dès son enfance » Gen. 8:21.

Nos pensées naissent par couples: telles la santé et la maladie, la richesse et la pauvreté, l'amour et la haine. Dans les écritures, ce principe est exprimé dans l'image du bon ange et du mauvais ange qui accompagnent chacun. La pensée négative, l'adversaire, l'attirance vers le mal et l'ange de la mort mentionné dans la Bible ont tous la même signification. Deux anges nous accompagnent, un à droite et un à gauche; ce qui revient à dire que pour chacune des pensées qui naissent dans notre esprit, une pensée contraire voit le jour en même temps. Par exemple, votre hypothèque vient bientôt à échéance et vous n'avez pas d'argent pour la rembourser, il est naturel et normal que vous désiriez posséder la richesse de Dieu, mais un facteur négatif dans votre esprit vous rappelle vos limites et vos problèmes. Lorsque vous croyez vous trouver dans une impasse, que vous êtes confus et perplexe, les pensées négatives se trouvent alors mêlées aux pensées positives dans votre esprit. Confrontez ces pensées négatives à la lumière divine durant vos prières, et vous vous rendrez compte que ces pensées négatives ne sont que des ombres qui s'accumulent dans votre esprit, et ques les autres n'ont aucune force réelle. Vous devez vous convaincre qu'il n'existe qu'une seule force dans l'univers, et comme Dieu est tout-puissant, il n'y a pas d'ennemi ou de force opposée qui puisse lui faire concurrence. Votre esprit commence à se mouvoir dans une direction unique, et à attribuer tout pouvoir à Dieu. Alors, celui qui a fait naître le désir en vous, vous révélera comment le transformer en réalité.

Le juge Troward, dans ses écrits sur la science mentale, insiste sur le fait que le désir possède sa propre mécanique et ses propres mathématiques et, s'il est soutenu par la foi, il se réalisera au moment et à l'endroit opportuns. Nous nous attirons nous-mêmes les souffrances par les mauvaises pensées que nous entretenons et par une mauvaise compréhension et une mauvaise application des lois universelles. Lorsque nous nous révélons incapables de prier de la bonne façon et de garder notre attention sur les valeurs spirituelles éternelles, la douleur, la souffrance et la misère viennent alors nous reprocher notre négligence, notre indifférence ou notre paresse. Nos limites, nos problèmes et nos difficultés nous poussent à chercher des solutions, et nous permettent ainsi de découvrir la présence divine à l'intérieur de nous.

Si les solutions d'un problème de mots croisés nous étaient toutes données d'avance et qu'il ne nous restait plus qu'à les recopier, nous serions bientôt en proie à l'ennui. Le plaisir, la joie et la satisfaction viennent des efforts que nous avons faits pour résoudre le problème, de même, un ingénieur tire sa plus grande satisfaction d'avoir réussi à jeter un pont au-dessus d'un précipice qu'on croyait jusque-là infranchissable. Qui vainc sans péril triomphe sans gloire. Le Livre de Job se range au nombre des grands classiques universels, car il décrit (ainsi que la *Bhagavad-Gita* hindoue) la lutte qui fait rage perpétuellement dans notre esprit. Nous y voyons notre histoire et pouvons en tirer une image objective de nous-mêmes.

Job se trouva être privé de la conduite divine qui l'avait protégé de façon automatique pendant sa jeunesse.

> (16) Ou bien, tel l'avorton caché, je n'aurais pas existé, comme les petits qui ne voient pas le jour.
> (17) Là prend fin l'agitation des méchants, là se reposent les épuisés.

Les amis de Job sont la tradition, le dogme et la doctrine (les coutumes, la religion et les opinions) et ils contribuent par leur présence dans son esprit à faire de lui un pécheur car il est déjà prêt à rendre le dernier souffle. Ces querelles se produisent dans l'esprit de Job alors qu'il est à la recherche de la vérité. Les questions des amis de Job sont répétées et entrecoupées par les descriptions que font ces derniers des douleurs atroces qu'il doit endurer, en dépit de sa droiture passée, de sa bonté et de sa charité. Job ne reçoit de ses amis que des exhortations à la patience, et des discours qui cherchent à lui faire oublier sa peine.

Commentaire du chapitre 4 du Livre de Job

> (1) Éliphaz de Témân prit la parole et dit: (2) « Si on t'adresse la parole, le supporteras-tu? Mais qui pourrait garder le silence! (8) Je parle d'expérience: ceux qui labourent l'iniquité et sèment le malheur, les moissonnent. (9) Sous l'haleine de Dieu ils périssent, au souffle de sa colère ils sont anéantis. »

Éliphaz incarne l'approche de Dieu par la voie intellectuelle, avec toute sa panoplie de théories sur celui-ci, l'existence et la justice. En réalité, Job est tourmenté par ses peurs, ses doutes, son esprit critique qu'il exerce sur lui-même et le fait qu'il se soit lui-même condamné selon les opinions du monde, au lieu de vouloir entendre en lui la vérité qui le libérerait.

> (14) Un frisson d'épouvante me saisit et remplit tous mes os d'effroi. (15) Un souffle glissa sur ma face, hérissa le poil de ma chair. (16) Quelqu'un se dressa... je ne reconnus pas son visage, mais l'image restait devant mes yeux. Un silence... puis une voix se fit entendre: (17) « Un mortel est-il juste devant Dieu, en face de son Auteur, un homme serait-il pur? »

Nous voyons ici Job rester sourd à la voix de la sagesse. Il a si peur que cheveux se dressent sur sa tête. Le credo d'Éliphaz et les dogmes auxquels il se réfère ne lui sont d'aucun secours dans sa souffrance; cela ne répond pas à ses questions. Éliphaz explique à Job que celui qui sème la méchanceté récolte la méchanceté. Entendre une telle affirmation ne peut aider en rien un homme dont le corps est écrasé par la souffrance. Dans ce cas, les préceptes moraux ne sont pas suffisants.

Le sort de Job est un test par lequel sera révélé s'il connaît bien Dieu, ou s'il le renie et met en doute son existence lorsque l'adversité le frappe. Voilà le véritable sujet de son histoire. Un homme peut passer pour quelqu'un de très religieux aux yeux du monde, il peut être un bon catholique ou un bon protestant, un bon juif ou un bon bouddhiste, il peut se conformer à tous les rites, participer à toutes les cérémonies, il peut fréquenter régulièrement les lieux de culte, et néanmoins endurer les souffrances des damnés.

Je viens de rendre visite, à l'hôpital, à un infirme qui souffre terriblement. Il me racontait qu'il avait fait le cathéchisme aux enfants pendant de longues années, qu'il s'était occupé des scouts, qu'il était venu en aide à des enfants infirmes et avait accompli d'innombrables actes de bienfaisance. Pourtant, il se voyait affligé d'une maladie prétendument « incurable », il avait perdu l'usage d'un oeil et était devenu presque sourd. « Pourquoi est-ce que je souffre tant?, me demanda-t-il, je suis un bon chrétien et j'ai fait beaucoup de bien dans ma vie. Pourquoi Dieu me punit-il ainsi? »

Il prenait Dieu à témoin tout comme Job, et lui posait les mêmes questions. Après avoir parlé avec lui pendant un peu plus d'une heure, je découvris qu'il haïssait un de ses associés en affaires depuis plus de trente ans. Il était perverti par des idées de vengeance et était tout à fait inflexible dans son refus de pardonner; il ne tarissait pas d'imprécations et de malédictions à l'endroit de son associé. C'est ce mauvais état de conscience qui était sa véritable religion; ce sont nos pensées, nos sentiments et nos croyances intimes qui constituent notre véritable religion, c'est-à-dire notre relation avec la vie qui, elle, est toujours parfaite et entière. Il en fut fait de lui selon sa foi.

La Loi de la vie est celle de la foi; et la foi n'est qu'une création de l'esprit. Les pensées qu'il entretenait envers cet associé étaient faites de haine, de dépit et de désir de vengeance, et elles faisaient naître dans son subconscient des émotions destructrices. Puisque ces émotions étaient réprimées et qu'elles ne trouvaient aucun exutoire, elles se manifestèrent en notre patient sous la forme de souffrances physiques. La raison qui fait que certaines personnes sont bien portantes tandis que d'autres sont malades consiste simplement en la différence de leurs croyances.

Ce sont nos croyances les plus intimes et les plus sub-jectives qui se manifestent dans notre vie. Notre véritable religion nous a été expliquée il y a des milliers d'années: « Il en est fait de nous selon ce que nous pensons dans notre coeur. » Un sage a dit un jour: « Lorsque l'on dit le nom de la chose, on ne peut la trouver, et lorsqu'on la trouve, on ne peut plus dire son nom. »

Comment peut-on concevoir en termes sectaires la paix, l'amour, la sagesse, la compréhension, la patience, la gentillesse, la bienveillance, la justice, l'illumination, la sagesse divine et la compassion? Tout cela fait partie des attributs de Dieu, et tous les humains peuvent en profiter. En commençant à exprimer les qualités de Dieu, vous commencez à construire son royaume sur la terre. Votre lien apparent avec une Église ou un dogme particulier n'a aucune signification profonde. La véritable pierre de touche de votre foi est la façon dont vous pensez dans votre coeur. Si vos relations sont bonnes avec Dieu, si vous aimez la vérité, si vous êtes fidèle à Dieu, si vous pro-jetez paix et bonne volonté envers les autres, si vous êtes heureux, joyeux et libre, si vous espérez toujours qu'il ne vous arrivera que de bonnes choses, vous appartenez alors à une merveilleuse Église, même si elle ne figure pas au nombre des cultes traditionnels. « Va ton chemin. Et il adviendra de toi selon ta foi. »

En quoi allez-vous croire? on vous a dit de croire que Dieu est merveilleux, qu'il est le Dieu tout-puissant, le père éternel, le conseiller et le prince de la paix; vous devez donc croire dès maintenant que Dieu est votre père pour l'éternité, qui vous observe, vous protège, vous guide, vous soutient, vous donne la force d'affronter la vie et remplit votre âme de son amour. Voyez en Dieu une lumière qui éclaire votre chemin. Croyez en une vie d'abondance. Croyez que la volonté de Dieu transcende vos rêves les plus chers. La Bible ne vous dicte pas de croire en des dogmes, des traditions, une Église particulière ou certains préceptes théologiques; au contraire, la Bible existait bien longtemps déjà avant l'apparition des premiers cultes et des premières Églises, et même avant la création de l'homme. Les principes scientifiques qui sont à l'origine de l'invention de la radio, de la télévision ou du radar ont existé de tout temps. Moïse et Jésus auraient pu utiliser des jets ou des haut-parleurs lors de leur mission terrestre. Les vérités éternelles, les qualités de Dieu et de sa loi sont immuables. Seul l'homme est inconstant. Dieu et sa vérité sont éternels, sans âge, et les siècles ne peuvent pas les atteindre. L'amour, la sagesse, la joie, la beauté et l'intelligence de Dieu n'ont jamais été créés et ne mourront jamais. La seule vraie religion au monde est celle qui consiste à dire la vérité de Dieu.

Ce qui est vrai pour Dieu est aussi vrai pour l'Homme car Dieu et l'Homme ne sont qu'un. Il n'existe qu'un seul ÊTRE dans tout l'univers, et l'Homme est l'expression de cet ÊTRE; les qualités et les pouvoirs du père se retrouvent dans les enfants, c'est pourquoi nous devons nous réclamer de ce que nous sommes les enfants de Dieu pour libérer toutes les splendeurs qui sommeillent au-dedans de nous. Lorsqu'on vous demande quelle est votre foi, répondez que vous croyez en l'infinie bonté de Dieu, dans son amour sans bornes, dans la vie éternelle, dans la santé parfaite, dans les inépuisables richesses de Dieu. Déclarez que vous avez une foi implicite dans les lois divines, qui correspondent toujours à vos pensées (vos désirs). Vous croyez que Dieu vous procurera du pain lorsque vous lui en demanderez; vous savez, au fond de votre coeur, que si vous demandez un poisson à Dieu, il ne vous donnera pas un serpent. Vous croyez au bien, car Dieu est infiniment bon et parfait. Que cette réponse suffise à votre interlocuteur.

Je viens de vous parler d'un homme qui était malade et qui a fini par réagir après une longue discussion. Il laissa fleurir en lui l'esprit de pardon, et invoqua la bénédiction divine sur son associé et sur lui-même. Il se mit à clamer, pendant une dizaine de minutes: « L'amour de Dieu remplit mon esprit et mon corps. » Une remarquable transformation physique et morale venait d'avoir lieu, et, en écrivant ces lignes, j'ai la certitude qu'il connaîtra la grâce divine et obtiendra une guérison complète. L'amour que nous avons dans notre coeur finit pas atteindre chacune des cellules de notre corps, et à ce moment, Dieu seul nous habite, et Dieu est amour; amour au-dedans de nous et autour de nous.

Commentaire du chapitre 5 du Livre de Job

> (7) C'est l'homme qui engendre la peine comme le vol des aigles recherche l'altitude. (17) Oui, heureux l'homme que Dieu corrige! Aussi, ne méprise pas la leçon de Shaddaï.

Éliphaz ne fait qu'observer la situation; il ne peut pas la comprendre puisqu'il ne prend en considération que les concepts extérieurs et apparents de causalité. Il ne comprend pas que toute la souffrance que nous pouvons éprouver vient nécessairement des réactions de notre subconscient ou de notre incapacité à penser de façon constructive. Car, si nous ne parvenons pas à imposer aux couches les plus profondes de notre esprit des principes vrais parce que se rapportant aux choses qui sont belles et bonnes, nous devons alors souffrir en conséquence. Si nous ne choisissons pas soigneusement nos pensées, les vieilles croyances, les journaux ou notre entourage finiront par avoir le contrôle de ce que nous pensons et ressentons.

> (22) Tu riras de la sécheresse et du gel et tu ne craindras pas les bêtes de la terre. (27) Tout cela, nous l'avons observé: c'est la vérité! À toi d'écouter et d'en faire ton profit.

Choisissez vous-mêmes vos pensées et vos émotions, sinon le monde, avec son vain orgueil, ses peurs, ses doutes, ses haines, ses jalousies et ses intrigues commencera à vous dicter votre conduite et vous serez devenu un esclave. Où la sagesse est absente, l'ignorance règne, et l'ignorance, c'est Satan, le spoliateur de votre esprit. La voix de la peur reste sans réponse quand elle réclame la paix. L'amour répond à l'appel de l'amour, car *la profondeur répond à la profondeur.*

Commentaires du chapitre 6 du Livre de Job

> (1) Job prit la parole et dit: (2) « Oh! Si l'on pouvait peser mon affliction, mettre sur une balance tous mes maux ensemble! (6) Un aliment fade, se mange-t-il sans sel, le blanc de l'oeuf a-t-il quelque saveur? »

Job répond à Éliphaz qu'il ne sait que prêcher. Il lui dit qu'en fait il sait bien qu'il fait fausse route, mais il veut qu'on lui indique où il se trompe, et le dit de façon un peu brusque et chicanière en déclarant tout de go à Éliphaz que ses arguments sont aussi fades que du blanc d'oeuf.

> (11) Ai-je donc assez de force pour attendre? Voué à une telle fin, à quoi bon patienter? (12) Ma force est-elle celle du roc, ma chair est-elle de bronze? (13) Aurais-je pour appui le néant et tout secours n'a-t-il pas fui loin de moi?

Job touche ici une grande vérité spirituelle lorsqu'il se demande: « D'où dois-je attendre de l'aide si ce n'est de moi-même? » Où trouverai-je la sagesse sinon en moi-même? » L'idée que Dieu se trouve en lui-même commence à effleurer son esprit. Éliphaz, qui symbolise le concept traditionnel d'un Dieu anthropomorphe, croît en l'existence d'un Être suprême qui habiterait le ciel, à l'extérieur du monde humain. Bien sûr, Dieu est partout, à l'extérieur comme à l'intérieur de nous, car il est omniprésent.

Lorsque j'étais enfant et que j'étudiais le catéchisme, on m'apprit qu'un athée était un homme qui ne croyait pas en l'existence de Dieu, mais lorsque je demandai où l'on pouvait trouver ce dernier, on me répondit qu'il était au ciel, assis sur un trône, et que si j'étais un bon garçon et que je ne commettais pas de péché mortel, je le verrais un jour dans sa gloire et que je jouerais de la harpe parmi ses anges. Je devais donc alors, tout enfant, être un athée puisque je ne pouvais croire à cette réponse, mais je savais qu'un jour j'apprendrais la vérité. Je me rendis compte que le catéchiste ne savait rien qu'il valût vraiment la peine d'apprendre, que personne ne connaissait la vérité. Ils prononçaient des mots qui n'avaient aucun sens, des prières qu'ils ne comprenaient même pas, leur religion n'était basée sur aucune science, leurs croyances n'étaient étayées par aucune vérité, et pour eux il existait un Démon qui s'opposait à Dieu, et un enfer qui s'opposait au ciel.

Au verset 24, Job exprime la prière suivante: « Instruisez-moi, alors je me tairai; montrez-moi en quoi j'ai pu errer. »

Vous demandez du pain, et au lieu de pain, le monde vous donne une pierre. En réponse à vos questions, il vous offre un enseignement marqué par la peur, l'ignorance et la superstition, qui sont symbolisées par les trois amis de Job. On veut vous faire croire que vous n'êtes malade que parce que vous êtes en état de péché, que Dieu vous punit, ou encore qu'il vous met à l'épreuve, et toutes ces fausses explications ne font qu'empirer votre situation. Votre enfant est mort et vous demandez pourquoi: « C'est la volonté de Dieu », vous dit-on. Cette pseudo-vérité vous semble difficile à croire, et peut-être maudissez-vous Dieu en vous-même et devenez-vous, à cause d'elle, un athée.

J'ai connu des situations où des enfants sont morts à cause de la négligence des parents. Ce sont ces mêmes gens qui en ont rejeté la responsabilité sur la volonté divine. C'est un blasphème de dire que la mort d'un enfant est la volonté de Dieu. Celui qui est la Vie ne peut vouloir la mort. Dieu est vie, et la vie aime se manifester par la joie, l'harmonie, le bonheur, la beauté, l'ordre et l'équilibre. La volonté de Dieu est une expression de sa nature, et doit donc obligatoirement représenter pour nous une force bénéfique, miraculeuse, glorieuse, et extatique.

Job a dit à Éliphaz: « Montre-moi. » Nous voyons ici représentée une confrontation entre la partie la plus élevée et la partie la plus humble de nous-même, entre nous et nos désirs. Nous sommes tels que Job, cherchant à résoudre les problèmes de la peur, de la maladie, et à réaliser nos désirs. Il faut raisonner juste et user de la connaissance spirituelle pour chasser toutes les fausses théories, toutes les fausses croyances et toutes les fausses doctrines de notre esprit, et nous attacher fermement à une seule puissance spirituelle, notre propre conscience, qui règne d'une façon absolue sur notre monde. Il faut sacrifier définitivement toute pensée négative, tout doute, en somme, tout ce qui pourrait compromettre la réalisation de nos plus chers désirs. Rendons-nous à l'évidence que nous avons une force toute-puissante qui lutte à nos côtés et que rien ne peut lui résister. C'est pourquoi vous attendez avec joie, patience et enthousiasme l'exaucement de vos prières.

Commentaire du chapitre 7 du Livre de Job

(11) Et c'est pourquoi je ne puis me taire, je parlerai dans l'angoisse de mon esprit, je me plaindrai dans l'amertume de mon âme.

Job atteint ici à la vérité. Voici venu le temps de se tourner vers Dieu et vers tout ce qui vient de lui. Consacrons nos pensées, nos désirs, nos projets à proclamer ses louanges et à rendre grâce pour la paix, l'harmonie et l'amour qui nous inondent. À ce même moment, l'Esprit prendra possession de vous pour vous mener jusqu'à la victoire, la liberté et le succès. « Pourquoi? Pourquoi? » Telle était la question de Job, comme c'est souvent le cas lorsque le malheur s'abat sur quelqu'un. Et la réponse habituelle est: « Pourquoi Dieu m'a-t-il infligé ces tourments? J'avais pourtant mené une vie si exemplaire. »

Commentaire du chapitre 8 du Livre de Job

> (1) Bildad de Shuah prit la parole et dit: (2) « Jusqu'à quand parleras-tu de la sorte et tiendras-tu des propos semblables à un grand vent? (3) Dieu peut-il fléchir le droit, Shaddaï fausser la justice? (4) Si tes fils ont péché contre lui, il les a punis pour leur fautes. »

Bildad est fils de la discorde. Il représente tous ceux qui croient que Dieu nous inflige des souffrances en punition de nos péchés, ainsi qu'il est enseigné par plusieurs Églises orthodoxes. Vous n'êtes pas punis pour vos péchés, mais par vos péchés, qui sont une réaction de votre subconscient à vos modes de penser habituels. Le mot « péché » signifie un échec où une prière non exaucée. Vos péchés se situent dans votre incapacité à mener une vie pleine et heureuse. Lorsque vous ne réussissez pas à atteindre le but que vous vous étiez fixé, ou votre idéal dans la vie, alors vous péchez. Identifiez-vous mentalement et émotivement avec votre idéal, exaltez-le dans votre esprit, faites-lui la cour, proclamez-le énergiquement et la Force infinie qui vous habite vous exaucera. Nous nous infligeons inconsciemment nous-mêmes tous nos tourments et toutes nos peines.

J'ai connu un jeune garçon de seize ans qui n'arrivait pas à se trouver un travail. Chaque fois qu'il sollicitait un emploi, quelqu'un était déjà passé avant lui. Cela lui arriva à huit ou neuf reprises. Il prit donc la décision de prier avant de se rendre à une entrevue, et lorsqu'il se présenta chez l'employeur suivant, il y trouva déjà quinze autres garçons venus là pour la même chose. Une idée surgit subitement des profondeurs de son subconscient: il la nota sur un bout de papier et le tendit à la secrétaire, qui le donna ensuite à la personne chargée d'interroger les candidats. Le message était libellé ainsi: « Je suis le quinzième garçon dans la file. N'engagez personne avant de m'avoir vu. » C'est lui qui eut l'emploi.

Il m'arrive de rencontrer des malades qui me disent; « Oh! C'est mon karma. S'il est si lourd à porter, c'est que je me développe spirituellement plus vite que les autres. » Certaines personnes se montrent intraitables au sujet de telles croyances. Ils ont des raisonnements subtils et spécieux qui n'ont d'autre but que de vous convaincre et de vous tromper. Beaucoup de ces gens aiment jouer les martyrs et proclament que Dieu les a choisis pour les punir d'une faute inconnue. Un tel raisonnement est bien sûr de peu de valeur, mais est malheureusement trop répandu. Toutes les expériences que nous vivons sont un effet direct de nos croyances et de nos façons qu'elles soient conscientes ou non. Nous ne pouvons rien éprouver qui ne fasse pas d'abord partie de notre conscience, qui est constituée de nos habitudes mentales, de nos sentiments, de nos croyances et de tout ce à quoi nous donnons notre accord. Nous sommes immergés dans la grande mer de la pensée inconsciente, dans laquelle chacun déverse ses pensées, ses croyances, ses peurs, ses émotions, ses haines, ses espoirs. Toutes les pensées les plus tortueuses engendrées par l'esprit déréglé des humains se retrouvent aussi dans ce grand ensemble, où vous jouez à la fois les rôles de récepteur et d'émetteur. Au milieu de ce chaos, vous devez être fidèle à la prière, sinon tous les doutes et toutes les craintes que l'esprit humain charrie depuis la nuit des temps rempliraient votre esprit, et finiraient par des maladies, des déceptions et toutes sortes de difficultés. Il est aussi indispensable de laver votre esprit que votre corps, sinon votre esprit s'encombrera des déchets mentaux de l'univers.

Commentaire du chapitre 9 du Livre de Job

> (16) Et si, sur mon appel, il daignait comparaître, je ne puis croire qu'il écouterait ma voix, (17) lui, qui m'écrase pour un cheveu, qui multiplie sans raison mes blessures (18) et ne me laisse même pas reprendre mon souffle, tant il me rassasie d'amertume!

Job se plaint de son sort et ne trouve aucun réconfort dans les discours des religions orthodoxes, qui lui semblent n'être rien d'autre qu'un opium rendant l'homme sourd à la grande vérité de l'existence de Dieu à l'intérieur de lui, et au fait qu'il peut atteindre la sagesse, la force et l'amour divin à travers la pensée divine.

Si l'on suppose l'existence d'autres forces à côté de la Force unique, nous ne sommes pas loyaux à Dieu et nous ne l'aimons plus. Aimer signifie être fidèle, loyal et faire serment d'allégeance à la Présence unique, et c'est alors que l'Esprit Saint se manifeste en nous sous l'aspect d'une santé florissante, de l'harmonie, de la paix, de l'abondance et de la sécurité. Nous sommes sur terre pour chanter l'hymne du triomphe. Lorsque les étoiles du matin se mirent à chanter, un cri de joie souleva la poitrine des enfants de Dieu.

Commentaire du chapitre 10 du Livre de Job

> (8) Tes mains m'ont façonné, créé; puis, te ravisant, tu voudrais me détruire! (9) Souviens-toi: tu m'as fait comme on pétrit l'argile et tu me renverras à la poussière. (10) Ne m'as-tu pas coulé comme du lait et fait cailler comme du laitage?

Job s'abandonne ici à s'apitoyer sur son sort, et à imputer tous ses malheurs à Dieu, qui, après l'avoir créé, l'aurait abandonné. Le docteur Phineas Parkhurst Quimby, qui fut l'ancêtre de la guérison spirituelle en Amérique, avait dénoncé le fait, il y a de cela plus de cent ans, que certaines croyances religieuses peuvent causer des maladies de toute sorte. En tentant d'analyser les maux dont souffraient ses patients, il se rendit compte que leurs croyances religieuses contenaient de dangereuses semences de superstition, d'ignorance et de peur, qui pouvaient compromettre sérieusement l'épanouissement de l'individu.

La vie est un mouvement perpétuel vers l'avant, et toutes nos souffrances sont causées par notre incapacité à aller plus loin. Toute régression ou stagnation amènera infailliblement conflits et souffrances car nous sommes faits pour être toujours en évolution, et si nous nous montrons volontaires, complaisants envers nous-mêmes, querelleurs, et que nous refusons de laisser la vie, l'amour et la beauté entrer en nous, nous ne récolterons que de la douleur, qui viendra nous rappeler que nous devons nous laisser envahir par les « forces de la vie ».

Le docteur Quimby découvrit que lorsque des pensées fausses entraient en compétition avec la toute-puissance divine, il s'ensuivait dans le corps de l'individu le phénomène que l'on désigne sous le nom de maladie, qui nous force à remonter à la source du problème et nous stimule ainsi dans notre évolution. Notre quête, à l'image de celle de Job, ne se terminera que le jour où nous nous serons rendus compte que la cause de toutes nos maladies et de tous nos malheurs repose en notre propre esprit. La lumière récompense finalement nos efforts. La foi et la véritable connaissance spirituelle vaincront!

Lorsque nous sommes déprimés, abattus et découragés, nous devons nous occuper à bâtir une nouvelle demeure dans notre esprit, en nous servant d'abord des qualités qui existent déjà en nous. Il nous faut être aimables, gentils, sociables, et répandre la bonne volonté autour de nous. Nous devons avoir confiance dans les lois éternelles qui font que le soleil brille le jour et que les étoiles illuminent le ciel la nuit. Lorsque l'on s'appuie sur les qualités d'amour et de bonne volonté, nous bâtissons une nouvelle structure dans notre esprit, que nous habiterons de la même façon qu'un homme habite la nouvelle maison de briques qu'il s'est construite.

Commentaire du chapitre 11 du Livre de Job

(1) Çophar de Naamat prit la parole et dit: (2) Le bavard restera-t-il sans réponse? Suffit-il d'être loquace pour avoir raison? (3) Ton verbiage rendra-t-il muets les autres, te moqueras-tu sans qu'on te confonde? (4) Tu as dit: « Ma conduite est pure, je suis irréprochable à tes yeux. » (5) Mais si Dieu voulait parler, ouvrir les lèvres pour te répondre, (6) s'il te dévoilait les secrets de la Sagesse, qui déconcertent toute sagacité, tu saurais que Dieu te demande compte de ta faute. (7) Prétends-tu sonder la profondeur de Dieu, atteindre la limite de Shaddaï?

Çophar, qui est un des trois amis de Job dont on a déjà traité plus haut, représente le babillage, la légèreté, la futilité. Nous pouvons poursuivre notre analyse en observant que ces trois amis, qui nous sont montrés alors qu'ils essaient de réconforter Job, représentent simplement diverses phases des modes de penser traditionnels et des raisonnements faux. C'est pourquoi ils n'arrivent pas à soulager ses maux par leurs discours. Ils sont comme des aveugles qui veulent guider un autre aveugle, mais qui tombent tous dans un fossé. Ils reprochent à Job d'être dans l'erreur mais ils n'arrivent pas à lui indiquer la voie qu'il doit suivre. Çophar fait partie du type d'esprit qui s'agrippe à des idées désuètes et qui raisonne à partir de valeurs qu'il a empruntées à des morts.

Les adeptes des religions traditionnelles attirent l'attention sur les apparences du mal et condamnent le pécheur. Seule la compréhension spirituelle peut nous apporter la réponse à nos questions et nous montrer le chemin de la paix, de la joie et du bonheur. Les esprits éclairés gardent de hauts standards spirituels envers ceux qu'ils veulent aider au lieu d'attirer l'attention sur leurs fautes flagrantes, et de les faire ainsi paraître encore plus importantes. En fait, voici le véritable sens du discours que Çophar tient à Job: « Tu as de la chance que ton sort ne soit pas encore pire, car Dieu ne t'éprouve pas autant que tes péchés le mériteraient. »

De quelle façon Job avait-il péché?

Il n'utilisait pas son esprit de la bonne façon, et laissait des idées profanes venir souiller sa conscience et faire pencher la balance du mauvais côté. Job éprouve tous ces désagréments parce qu'il ne sait pas contrôler la partie consciente de son esprit.

Çophar est convaincu que la volonté divine est la cause de tout ce qui arrive ici-bas; il ne faut pas chercher d'autres motifs aux actes de Dieu, et il ne faut pas non plus se demander: « Pourquoi a-t-il fait ceci plutôt que cela? » En d'autres termes, Çophar, au stade de développement spirituel où il est parvenu, nous dit: « N'essayons pas de comprendre Dieu. Cela est au-dessus de nos capacités. Il faut nous résigner à notre sort. » Une telle attitude est caractéristique d'une conscience objective tridimensionnelle, d'une approche terre-à-terre des questions religieuses qui consiste à ne pas chercher à pénétrer ces domaines secrets. Les esprits matérialistes restent sceptiques devant les phénomènes spirituels et aussi refusent absolument de les considérer. Il est vrai, par contre, que le pouvoir de compréhension limité de l'humain n'est pas en mesure de concevoir la nature divine. Dieu étant un être infini. « Prétends-tu sonder la profondeur de Dieu, atteindre la limite du Shaddaï? »

> (8) Elle est plus haute que les cieux: que feras-tu? Plus profonde que le shéol: que sauras-tu?

Quoique nous ne puissions pas tout savoir au sujet de Dieu à l'aide de notre intelligence limitée, nous pouvons beaucoup apprendre sur la façon dont il se manifeste dans nos vies. Nous pouvons apprendre que l'intelligence infinie répond à la nature de nos pensées, que les pensées sont des réalités objectives, que nous attirons sur nous ce que nous pensons, que nous devenons ce que nous contemplons, et que toute pensée que nous chargeons de sentiment et d'enthousiasme se fera réalité dans notre vie. Il est possible d'apprendre beaucoup sur notre inconscient et son fonctionnement, et l'étude de notre être intérieur et de ses lois est infinie.

Commentaire du chapitre 12 du Livre de Job

> (1) Job prit la parole et dit: (2) « Vraiment vous êtes la voix du peuple, avec vous mourra la sagesse. »

Job répond en termes plutôt sarcastiques aux discours ronflants et verbaux de Çophar: « Tu crois que tu sais tout et que la sagesse mourra avec toi. »

Commentaire du chapitre 13 du Livre de Job

> (3) Mais j'ai à parler à Shaddaï, je veux faire à Dieu des remontrances. (4) Vous, vous n'êtes que des charlatans, des médecins de fantaisie! (5) Qui donc vous apprendra le silence, la seule sagesse qui vous convienne!

Dans ce chapitre, Job s'agrippe désespérément à son intégrité (à son être). Il voudrait s'adresser au Tout-Puissant et discuter avec lui, mais ses amis (le corps, l'esprit et les sentiments) sont sources de mensonge.

« Taisez-vous! et ce silence — un état de paix et de confiance intérieure en présence de Dieu — vous tiendra lieu de sagesse (bon comportement.) » Job entrevoit le véritable moteur de la guérison spirituelle, la prière secrète qui consiste à nettoyer notre esprit des conceptions fausses et qui fait que nos véritables besoins nous apparaissent clairement. Car nous devons comprendre qu'en travaillant avec les lois spirituelles, nous faisons se manifester concrètement quelque chose qui existait déjà (une idée, une graine qui éclôt si nous l'acceptons mentalement). Le péché de Job consistait surtout à exagérer les obstacles et les difficultés, aussi le malheur qu'il redoutait s'est-il abattu sur lui.

> (15) Il peut me tuer: je n'ai d'autre espoir que de défendre devant lui ma conduite.

Comme un savant d'une science objective, Job croit à la possibilité de réaliser les idées qui germent en lui; il continue sa recherche pour trouver la cause ultime — le Dieu unique qui sera son salut.

Commentaire du chapitre 14 du Livre de Job

(1) L'homme, qui est né de la femme, a la vie courte, mais des tourments à satiété. (2) Pareil à la fleur, il éclôt puis se fane, il fuit comme l'ombre, sans arrêt. (3) Et sur cet être tu gardes les yeux ouverts, tu l'amènes devant toi! (4) Mais qui donc extraira le pur de l'impur? Personne!

Job admet qu'il ne comprend pas le mystère de l'injustice (le fonctionnement de l'esprit). Tous ceux qui vivent plongés dans l'esprit de la race, remplis de peurs inconnues, professant des conceptions fausses, etc., ne connaîtront que le malheur jusqu'à ce qu'ils s'éveillent à la présence divine en eux et redirigent leurs pensées et leurs émotions en conséquence. Tous, nous sommes nés dans la limitation, c'est-à-dire que nous sommes venus au monde enchaînés par les croyances traditionnelles que nous ont transmises nos parents et par tout ce que représente notre environnement. L'enfant est soumis à l'ambiance mentale et émotionnelle de la maison. Nous vivons tous dans un vaste océan qui s'appelle l'inconscient collectif ou l'esprit de la race, et qui entre en conflit avec notre esprit, jusqu'à ce que nous nous éveillions à la réalité de notre souveraineté spirituelle et que nous prenions en charge la direction de notre esprit. Nous renaissons alors dans un nouveau monde spirituel et mental.

Nous sommes nés d'une femme (pensées, sentiments et préjugés profanes) et marqués par la difficulté, tant que nous ne sommes pas conscients de nos capacités spirituelles. Lorsque nous prenons en main le gouvernement de notre esprit, nous rayons immédiatement de celui-ci toutes les fausses croyances, les fausses peurs, les fausses haines et les fausses querelles, et alors la souffrance et la maladie disparaissent à tout jamais.

Changer notre esprit, c'est changer le monde, et nous pouvons y arriver en mettant notre confiance dans la force spirituelle unique, qu'il est possible d'atteindre par la pensée, et en rejetant complètement toute croyance en des forces qui existeraient au-delà de notre conscience. Nous en viendrons alors à la conclusion que notre conscience représente Dieu à l'échelle de notre monde, et que toutes nos expériences proviennent de celle-ci, car elle est la somme de nos croyances conscientes et inconscientes.

Commentaire du chapitre 15 du Livre de Job

> (6) Ta propre bouche te condamne, et non pas moi, tes lèvres mêmes témoignent contre toi. (7) Es-tu né le premier des hommes? Est-ce qu'on t'enfanta avant les collines?

« Réjouis-toi, dit Éliphaz, d'autres ont déjà enduré de tels tourments avant que tu ne sois né. » Le discours d'Éliphaz au chapitre 15 est banal, ennuyeux et didactique. Il maintient que le sort de Job est conforme à la justice la plus stricte, que Job s'est rendu coupable de péchés qui justifient ses souffrances. Éliphaz demande alors à Job: « Ta méchanceté n'est-elle pas très grande et tes iniquités infinies? »

> (14) Comment l'homme serait-il pur, resterait-il juste, l'enfant de la femme? (15) À ses saints mêmes Dieu ne fait pas confiance, et les cieux ne sont pas purs à ses yeux. (16) Combien moins cet être abominable et corrompu, l'homme, qui boit l'iniquité comme l'eau.

Le Moi intérieur ne peut supporter cette rhétorique désagréable, injuste et mordante. Il ne faut pas s'étonner que Job déclare, au chapitre 16: « Que de fois j'ai entendu de tels propos, et quels pénibles consolateurs vous faites. »

Ces gens sont de pénibles consolateurs parce qu'ils ne savent pas comment expliquer à Job la signification de: « Repentez-vous et vous serez sauvé. » Si l'on n'arrive pas à changer son esprit, à adopter une nouvelle conception de Dieu et de la vie, à changer sa pensée et à la garder ainsi, l'on sera soumis à la loi de la moyenne, ou alors des croyances issues de l'esprit de la race envahiront la conscience et amèneront toutes sortes de troubles à leur suite. Nous ne devons jamais abandonner la prière et nous devons établir fermement dans notre esprit des convictions qui sauront s'opposer efficacement à l'esprit de race. « Se repentir » veut dire penser d'une nouvelle façon, revenir à Dieu, et adopter les mêmes pensées que lui.

Commentaire du chapitre 16 du Livre de Job

(4) Oh! moi aussi, je saurais parler comme vous, si vous étiez à sa place; je pourrais vous accabler de discours en hochant la tête sur vous.

Job dit qu'il pourrait, lui aussi, parler inutilement, sans se soucier vraiment de ce qu'il dit. Il est fatigué d'entendre dire que ses souffrances sont le résultat de sa méchanceté.

Commentaire du chapitre 19 du Livre de Job

(16) Si j'appelle mon serviteur, il ne répond pas, et je dois moi-même le supplier. (17) Mon haleine

fétide répugne à ma femme, ma puanteur à mes propres frères. (20) Sous ma peau, ma chair tombe en pourriture et mes os se dénudent comme des dents. (21) Pitié pour moi, ô vous mes amis! car c'est la main de Dieu qui m'a frappé.

Job se rend compte que les raisonnements spécieux que ses amis opposent à ses appels à l'aide ne sont que verbiages enfantins racontant que « Dieu est amour » et que tout ira bien finalement. Mais il lui manque encore un point d'appui. Job ne connaît pas encore la science de l'esprit et de son fonctionnement.

Il appelle son serviteur (son esprit), mais n'obtient aucune réponse. Son attitude mentale n'est pas encore conditionnée à avoir confiance dans « la force spirituelle unique » qui existe en lui. Son haleine répugne à son épouse. L'image de l'épouse représente la personne idéale avec laquelle on voudrait s'unir spirituellement. Tout comme Job, on peut désirer s'unir avec l'image de la santé parfaite. Il faut nous immerger d'abord dans le concept de santé, et, alors que nous nous réjouirons du fait que le Pouvoir infini de guérison nous rend à notre état de perfection physique, nous sentirons la santé nous envahir. Le concept de santé produit la santé, de même que le concept de richesse produit la richesse.

Job n'a pas encore insufflé son haleine (sa force, son enthousiasme, sa foi) dans ses pensées et ses désirs. Il ne s'est pas rendu mentalement à l'omnipotence divine. Ainsi, même ses amis les plus proches — « Mes proches et mes familiers ont disparu. » (verset 14) — (la sensation de sécurité, la santé, la paix) se sont détournés de lui dans la mesure où il est incapable de croire à l'existence de ces qualités divines en son coeur.

(25) Je sais, moi, que mon défenseur est vivant, que lui, le dernier, se lèvera sur la poussière.

Job, intuitivement sait que son sauveur (la présence divine) existe, et que sa connaissance de l'intelligence et de la sagesse de Dieu, ainsi que sa foi en l'obtention d'une réponse à ses prières, dureront jusqu'au dernier jour de son existence. Tout ceci veut dire qu'il devra faire l'expérience à l'extérieur (dans son corps et son entourage) de ce qu'il ressent et tient pour vrai à l'intérieur de lui-même.

(26) Après mon réveil, il me dressera près de lui et, de ma chair, je verrai Dieu.

Job sent que quelque chose cherche à se manifester objectivement, de la même façon qu'en embryologie un enfant peut déjà être conçu sans qu'il existe encore de signe évident de son existence. Nous devons marcher dans la confiance que la graine que nous avons plantée dans notre esprit subjectif, où se trouvent la présence et la force de Dieu, a pris racine et germera selon l'ordre divin.

(27) Celui que je verrai sera pour moi, celui que mes yeux regarderont ne sera pas un étranger.

Job, dans tout ceci, commence à se rendre compte que les discours religieux ne sont pas de la philosophie pratique, mais il lui reste encore à trouver un point d'appui que ses idéaux (ses amis, ceux de son clan, ses parents, ses proches amis et sa femme) cessent de le considérer comme un étranger en leur présence. Job se trouve toujours dans cet état de conscience où il se sent comme une ville assiégée, comme un étranger parmi une foule d'inconnus. Il n'a pas encore réalisé la vérité fondamentale que Dieu est sa propre conscience.

(28) Lorsque vous dites: « Comment l'accabler, quel prétexte trouverons-nous en lui? »

Job progresse rapidement sur la bonne voie, car il devine que la racine du problème (de ses maux) se trouve en lui (un état négatif existant dans son inconscient, qui n'a pas encore été purifié par la prière scientifique, cette dernière servant à unir mentalement et émotivement celui qui souffre avec Dieu, son sauveur).

Commentaire du chapitre 20 du Livre de Job

> (19) Parce qu'il a détruit les cabanes des pauvres, volé des maisons au lieu d'en bâtir, (20) parce que son appétit s'est montré insatiable, ses trésors ne le sauveront pas.

Les « pauvres » au verset 19 font référence aux rêves et aux aspirations que nous laissons mourir, faute de foi dans la puissance invisible de l'esprit qui nous habite.

Au verset 20, il nous est dit que notre vie émotive (l'appétit) se trouve perturbée parce que nous ne sommes pas parvenus à réaliser nos désirs et nos ambitions.

Commentaire du chapitre 22 du Livre de Job

> (1) Éliphaz de Témân prit la parole et dit: (5) « N'est-ce pas plutôt pour ta grande méchanceté, pour tes fautes illimitées? (6) Tu as exigé de tes frères des gages injustifiés, dépouillé de leurs vêtements ceux qui sont nus; (7) omis de désaltérer l'homme assoiffé et refusé le pain à l'affamé; (8) livré la terre à un homme de main pour que s'y installe le favori; (9) renvoyé les veuves les mains vides et broyé les bras des orphelins. (10) Voilà pourquoi les filets t'enveloppent et des frayeurs t'épouvantent. »

Éliphaz soutient que Dieu est impartial. C'est donc de leur faute si les humains se trouvent en difficulté. Mais Éliphaz ne comprend pas la signification profonde et véritable du péché contre l'esprit: chercher à l'extérieur la solution des problèmes au lieu de les chercher à l'intérieur de soi, grâce à l'identification psychologique avec Dieu, qui consiste à ressentir la réalité de ce pour quoi nous prions. Nos sentiments et nos convictions deviennent immédiatements comme les vêtements que nous portons. Aussi, il ne faut pas prendre trop rapidement d'engagement envers soi-même, ce qui reviendrait à s'imposer quelque chose de l'extérieur, mais nous devons cultiver le bien à l'intérieur, secrètement; et tout ce qui nous semble vrai dans notre processus de prière, l'Esprit le validera et l'objectivera. Alors, nous ne dépouillerons pas ceux qui sont nus (nos désirs) de leurs vêtements (le sentiment de notre conviction de leur réalité dans notre conscience).

Les « veuves » sont des idéaux auxquels nous avons renoncé. Ces idéaux auraient dû être nourris et protégés par la foi et l'amour jusqu'à ce qu'ils éclosent et se manifestent concrètement. Il est possible d'accomplir tout ce que notre foi (nos sentiments) peut concevoir. Nos désirs doivent épouser notre foi. Les désirs, c'est Dieu qui se manifeste sous la forme de nos besoins (notre pain). Le point crucial de tout ceci est le défi que cela représente pour notre compréhension spirituelle. Dieu, c'est notre conscience! Vous rendez-vous compte de la réalité objective de cette proposition métaphysique? Ainsi, prenez soin du bien paternel (pensez à la santé, à la joie, à la richesse, etc.) et le reste s'ensuivra, selon la loi de l'acceptation mentale que vous avez mise en application.

Le terme « homme » dans la Bible désigne l'esprit, l'être qui mesure. Cet esprit doit cesser d'être dans l'état de celui qui est né d'une femme (l'esprit de la race, les peurs et les états d'âme irrationnels) comme nous l'avons déjà expliqué. Nous encourrons beaucoup de difficultés si nous ne choisissons pas nous-mêmes la direction que nous allons prendre. Notre esprit est né de Dieu lorsqu'il est dirigé par la sagesse et que nous adoptons comme barèmes spirituels tout ce qui est vrai, aimable, juste et de bon aloi. Nous devons cesser de nous confondre parmi le troupeau, et d'être soumis à la loi de la moyenne. Nous devons laisser à des pensées divines le gouvernement de notre esprit; et seulement alors serons-nous nés de la femme véritable, qui est la sagesse et l'intuition.

> (21) Allons! Réconcilie-toi avec lui et fais la paix: ainsi ton bonheur te sera rendu.   (22) Recueille de sa bouche la doctrine et place ses paroles dans ton coeur   (23) Si tu reviens à Shaddaï en humilié, si tu t'éloignes de la tente de l'injustice,   (24) si tu déposes ton or sur la poussière, l'Ophir parmi les cailloux du torrent.

Nous devons nous habituer à l'idée qu'il n'existe qu'un seul créateur, réaliser que, lorsque nous pensons, cette force suprême s'exerce à notre avantage et que nous sommes assurés du succès et du triomphe. Lorsque des pensées négatives se présentent à notre esprit, il faut les rejeter complètement et nous rappeler qu'elles ne sont que des ombres de l'esprit, et qu'une ombre n'a pas de demeure véritable. Ces pensées négatives n'ont qu'une force illusoire; la force véritable se trouve seulement dans nos propres pensées et dans notre conscience. La peur, les doutes et les soucis n'ont qu'un semblant de pouvoir, que celui qu'on veut bien leur donner.

Il existe un moyen très simple d'apprendre à mieux connaître la force véritable. Un de nos élèves avait décidé de cesser de fumer, et le soir, avant d'aller au lit, il se disait: « Je suis libéré de cette vilaine habitude, j'en suis délivré grâce à la force du Tout-Puissant qui m'enlève toute envie de fumer. » Il se répétait cette phrase à lui-même jusqu'à ce qu'il s'endorme, revenant sans cesse sur le mot « liberté » qu'il redisait encore et encore comme une espèce de berceuse. Il perdit tout désir d'allumer une cigarette. Il avait fait la connaissance des forces qui sommeillaient à l'intérieur de lui. Son subconscient réagissait à ses pensées, et lorsqu'il eut consciemment et définitivement pris la décision d'arrêter de fumer, la force du Tout-Puissant répondit à son appel et transforma sa décision en un fait accompli.

Une autre fois, une artiste qui était sans travail depuis six mois se mit à s'imaginer qu'elle chantait sur une scène; elle ressentit la réalité de cette image, lui donna toute son attention jusqu'à ce qu'elle se sente emportée et fascinée par elle. Cette idée commença à captiver son esprit, elle y devint attachée émotivement, et s'endormait chaque soir s'imaginant avoir un contrat entre les mains. Elle répéta ce même exercice pendant à peu près une semaine. Soudain, elle ne se sentit plus le désir de prier, pour la simple raison que son subconscient se trouvait imprégné par ce désir. L'image mentale avait pris forme, elle avait été bâtie morceau par morceau, image par image, sensation par sensation jusqu'à ce qu'elle devienne une entité subjective.

C'est Thoreau qui a écrit qu'un homme pouvait créer tout ce qu'il voulait dans sa vie en formant d'abord l'image et en emplissant celle-ci de la foi. La foi n'est que le fait d'être conscient que ce pour quoi nous prions existe déjà; le simple fait que nous désirions quelque chose est la preuve de son existence. Quand la puissance divine vous sera devenue plus familière, vous découvrirez que Dieu nous répond chaque fois que nous nous tournons vers lui; que lorsque nous prions pour une bonne cause, notre prière est exaucée et une sensation de bien-être nous envahit. Celui qui n'est que sagesse nous guidera alors et nous obligera à nous considérer nous-mêmes avec fierté.

> (23) Si tu reviens à Shaddaï en humilié, si tu éloignes de ta tente l'injustice.

Cela signifie que la présence divine en nous est toujours prête à nous entendre et à agir en notre faveur. Si nous souhaitons la guérison, si nous souhaitons avoir plus d'énergie, ou que sais-je encore?, cette force infinie qui gouverne le monde nous exaucera et nous enrichira selon nos prières. Einstein expliqua un jour comment les régions les plus secrètes de son esprit lui fournissaient certaines réponses: « Je restais à l'écoute, à l'affût de la moindre parcelle de lumière, de la moindre bribe de solution, et je me rendais compte peu à peu que tous ces bouts de fil, intuitions et inspirations, commençaient à s'entrecroiser et, alors que je continuais à tendre l'oreille, le patron, la réponse que j'attendais se formait dans mon esprit, puis soudain j'avais la formule. »

> (28) Toutes tes entreprises réussiront et sur ta route brillera la lumière.   (29) Car il abaisse l'orgueil des superbes, mais il sauve l'homme aux yeux baissés.

Si vous vous sentez déprimé, tournez-vous vers Dieu et croyez fermement que le Tout-Puissant est avec vous. Faites de Dieu votre partenaire silencieux, votre ami invisible, votre divin compagnon. Dites-vous que Dieu s'occupe de vous. La raison de ce que vous êtes abattu, découragé et déprimé est que vous vous êtes éloigné psychologiquement de Dieu, vous vous êtes aventuré jusques aux bords extérieurs de la vie, à la frontière du règne des ténèbres. Plus l'on est près de Dieu, plus la lumière est grande et moins il y a d'ombre. Au lieu de vivre dans l'obscurité, vous pourrez vous écrier: « Je vis avec Dieu. »

Dans certains centres psychiatriques, on soigne des malades, des personnes troublées mentalement, en leur faisant accomplir des travaux utiles, comme la fabrication de paniers d'osier ou d'articles de cuir. Plusieurs de ces gens se remettent alors de façon merveilleuse car ce genre de travail constructif les tire de leur état morbide pour les obliger à créer et à s'exprimer. Ils fabriquent des objets qui seront utiles à la société en même temps qu'ils développent leurs talents cachés.

Commentaire du chapitre 23 du Livre de Job

> (8) Si je vais vers l'orient, il est absent; vers l'occident, je ne l'aperçois pas.   (9) Quand je le cher-

che au nord, il n'est pas discernable, il reste invisible si je me tourne au midi.

Job entrevoit ici certaines vérités supérieures. L'« orient » symbolise le subconscient ou la partie subjective de l'esprit, qui exauce nos prières selon l'impression qui est faite sur lui. Nous ne pouvons pas voir le fonctionnement de notre esprit dans ses couches les plus profondes, et nous ne savons pas de quelle façon nos prières seront exaucées. Ceci est le secret de notre subconscient ou esprit subjectif, qui est le canal par lequel Dieu s'exprime en nous. Le subconscient n'est pas Dieu, mais une partie de Dieu, la loi qui correspond à notre imagerie mentale et à l'acceptation de celle-ci.

Dans la prière, nous pouvons saisir le début et la fin du processus, mais son développement nous échappe. Nous plantons une graine en terre, mais nous ignorons la façon dont elle se développera. Néanmoins, elle donne finalement un bel épi selon une sagesse subjective qui se trouve en elle. Nous ne pouvons être témoin du développement de l'idée embryonnaire dans notre esprit, mais nous savons qu'elle possède sa propre énergie et sa propre puissance d'expression, que ses principes mathématiques et mécaniques agissent spontanément en elle. Il ne nous reste plus qu'à arroser cette graine (ou idée, ou désir) et à la nourrir de notre contemplation, en nous représentant à l'esprit l'image des fruits lourds et abondants qu'elle produira.

L'« orient » mentionné en 23:8 symbolise la manifestation de notre désir.

Commentaire du chapitre 24 du Livre de Job

(1) Pourquoi Shaddaï n'a-t-il pas des temps en réserve, et ses fidèles ne voient-ils pas ses jours?

(2) Les méchants déplacent les bornes, ils enlèvent troupeau et berger.

« Les temps » représentent ici le passage de l'idée embryonnaire à une forme manifeste. En d'autres termes, la séquence des transformations qui séparent une cause de son effet est connue de votre subconscient. « Les jours » symbolisent l'effet positif qu'ont les désirs importants. Aussi longtemps que la vérité de l'être nous échappe, nous ne pouvons pas comprendre le temps, dans ce sens où nous devons nous contenter de ce qui nous arrive, à moins que nous priions et que nous laissions la sagesse divine nous guider, nous diriger et prendre la responsabilité de notre existence dans tous les domaines.

Nous saurons à quoi nous attendre si nous plantons des graines merveilleuses, des pensées de paix, de bonheur, de joie et d'amour souvent et systématiquement. Le futur est le présent qui a crû, les pensées invisibles qui nous habitent deviennent visibles et se manifestent sous la forme d'événements. Lorsque nous méditons sur des choses aimables et justes, nous sommes assurés d'un futur merveilleux. La cause est notre activité mentale et l'effet la réponse automatique de notre subconscient.

Au second verset, nous déplaçons les bornes lorsque nous rejetons les idées qui nous enchaînent. Notre conception, notre juste estimation de ce que nous sommes constituent la demeure spirituelle que nous habitons. En changeant la conception que nous avons de nous-mêmes, nous changeons notre destinée.

Commentaire du chapitre 25 du Livre de Job

(1) Bildad de Shuah prit la parole et dit: (2) « C'est un souverain redoutable, Celui qui fait régner

la paix dans les hauteurs. (3) Peut-on dénombrer ses troupes? Contre qui ne surgit pas son éclair? (4) Et l'homme se croirait juste devant Dieu, il serait pur, l'enfant de la femme? (5) La lune même est sans éclat, les étoiles ne sont pas pures à ses yeux. (6) Combien moins l'homme, cette vermine, un fils d'homme, ce vermisseau? »

L'homme est un vermisseau car il rampe sur le sol, victime de sa condition et des circonstances, et prisonnier de la peur, de l'insuffisance et de la limitation. L'homme est venu au monde pour s'élever au-dessus de toutes les difficultés, avec les ailes de la foi et de l'imagination disciplinée, et transcender tous les problèmes. Il ne faut jamais laisser son esprit ramper devant les événements, il faut au contraire en triompher, imposer à son esprit l'image du but tant désiré, et aller vers lui avec confiance afin de se procurer une vie nouvelle et un nouveau bonheur.

L'aigle est un oiseau qui plane au-dessus de la tempête et qui contemple le soleil en face. C'est pourquoi l'aigle est le symbole des États-Unis d'Amérique, il nous rappelle que nous devons tourner notre regard vers Dieu, qui est le soleil de notre vie, et contempler la divine solution à tous nos problèmes à travers la sagesse du Tout-Puissant. « Je vous ai fait porter jusqu'à moi sur les ailes d'un aigle. »

Du point de vue psychologique, Bildad a raison, car Job se rend compte peu à peu que l'esprit de l'homme peut se dédoubler lorsqu'il vit sous l'empire de la peur, et qu'il n'est qu'un vermisseau lorsqu'il ne comprend pas qu'il ne fait qu'un avec Dieu. Le dilemme auquel Bildad se voit confronté est significatif. Quelle justification l'existence de l'homme qui n'a pas connu l'illumination trouve-t-elle auprès de Dieu? Comment celui qui est né d'une femme (sentiments réceptifs à la peur, à la haine, à la jalousie, etc.) peut-il être purifié, alors que son subconscient est rempli d'impressions négatives, de faussetés et d'ignorance?

Commentaire du chapitre 26 du Livre de Job

(1) Job prit la parole et dit: (2) « Comme tu sais bien soutenir le faible, secourir le bras sans vigueur! (24)Tout cela, c'est l'extérieur de ses oeuvres, et nous n'en saisissons qu'un faible écho. Mais le tonnerre de sa puissance, qui le comprendra? »

Job désire s'élever au-dessus de l'état de ses semblables (celui du vermisseau) et il souhaite comprendre le mystère qui fait que le bras sans vigueur est secouru. Au verset 14, Job a le sentiment qu'il ne comprend qu'une partie des voies de Dieu. Qui peut comprendre sa force, son tonnerre (ses actes)?

Job réussit à faire jaillir des étincelles de vérité lors de ses méditations. Il voit maintenant que le fait de connaître l'alpha initiera un processus qui l'amènera à connaître l'oméga (la manifestation concrète de sa pensée). l'alpha désigne nos désirs, ou la voix de Dieu, nous ne devons pas chercher à comprendre la façon dont elle se manifeste. Nous devons apprendre à ressentir la réalité de l'accomplissement de nos désirs, afin de pouvoir vraiment le vivre et le ressentir dans le temps et l'espace. Nos désirs doivent épouser nos sentiments, et il s'ensuit une incarnation inconsciente qui aboutit à l'exaucement de nos prières.

Commentaire du chapitre 28 du Livre de Job

(1) Il existe pour l'argent des mines, pour l'or, un lieu où on l'épure. (2) Le fer est tiré du sol, la pierre fondue livre du cuivre. (6) Là, les pierres sont le gisement du saphir, et aussi des parcelles d'or. (7)

L'oiseau de proie en ignore le sentier, l'oeil du vautour ne l'aperçoit pas.

Dans ce passage, l'auteur, guidé par l'inspiration divine, nous parle des pierres précieuses et des richesses qui sont enfouies en nous. Les couches les plus profondes de notre esprit renferment les trésors inépuisables de Celui qui est infini. Des joyaux éternels dorment en nous: la sagesse infinie, la beauté inneffable, l'amour absolu, l'harmonie absolue, l'intelligence infinie, la béatitude absolue. « L'oeil ne l'a pas vu, l'oreille ne l'a pas entendu, cela n'est pas entré dans le coeur de l'homme, tout ce que Dieu a préparé pour ceux qui l'aiment. » Nous ne pourrions jamais, pendant toute l'éternité, épuiser les richesses qui se trouvent en nous. Contemplons les infinies merveilles que nous renfermons, et nous serons saisis d'une terreur mystique, d'un étonnement sans pareil. Au septième verset, le sentier ignoré de l'oiseau de proie représente la nature de la sagesse infinie qui se trouve à l'intérieur de nous. Cette sagesse subjective s'exerce d'une façon qui nous est inconnue et qui peut parfois nous surprendre. Le monde entier peut nous affirmer qu'un de nos désirs est irréalisable, mais la sagesse infinie qui nous habite sait comment mener ce projet à sa pleine réalisation. Un vautour peut apercevoir un cadavre à des kilomètres de distance, car il est guidé par un système de radar subjectif, mais nous possédons en nous une sagesse qui se place bien au-dessus de la sagesse instinctive des bêtes: la sagesse de celui qui sait tout. Tout ce qu'il faut faire c'est croire, et la réponse que nous attendons vient à nous, comme le soleil se lève au matin.

(12) Mais la Sagesse d'où provient-elle? Où se trouve-t-elle, l'Intelligence? (13) L'homme en ignore le chemin, on ne la découvre pas sur la terre des vivants. (14) L'Abîme déclare: « Je ne la contiens pas! » et la Mer: « Elle n'est point chez moi! » (15) On ne peut l'acquérir avec l'or massif, la payer au poids de l'argent. (19) Auprès d'elle, la topaze de Kush est

sans valeur et l'or pur perd son poids en échange. (20) Mais la Sagesse d'où provient-elle? où se trouve-t-elle l'Intelligence? (28) Puis il dit à l'homme: La crainte du Seigneur, voilà la Sagesse; fuir le mal, voilà l'Intelligence. »

Rien au monde n'est plus grand que la sagesse. Si un homme a la sagesse, il n'a besoin ni de la richesse, ni de la santé, ni de la paix de l'esprit, car il sait comment atteindre tous ses objectifs. La sagesse est plus grande que la guérison, car avec la sagesse nous n'avons plus besoin de celle-ci. Nous avons la sagesse lorsque nous sommes conscients de la présence et de l'action de Dieu à l'intérieur de nous, et que nous pouvons puiser dans les trésors qui dorment en nous et les transformer en expériences et en conditions de vie. Nous possédons la sagesse lorsque nous réalisons que les pensées sont des entités concrètes, que nous provoquons les événements que nous imaginons, et que nous créons ce que nous ressentons.

La sagesse transcende l'intellect; ce dernier ne fait qu'exécuter les ordres divins. La sagesse est la présence de Dieu en nous. C'est le pouvoir de guérison. La sagesse voit tout et sait tout. Elle connaît toutes les fonctions du corps et sait comment les restaurer en cas de maladie. Si vous vous lancez en affaires, vous pouvez compter sur la sagesse infinie pour vous inspirer des idées nouvelles, pour vous guider vers la prospérité, et si vous vous en remettez simplement à elle, vous serez récompensé au centuple.

« La crainte du Seigneur, voilà la sagesse. » La « crainte » signifie ici un sain respect de la puissance divine, et le fait de mettre toute sa confiance en elle seule. Sachons que la force qui gouverne le monde mènera la lutte à nos côtés, à la seule condition que nous en appelions avec joie, confiance et optimisme à la sagesse de Dieu présente en nous. Nous serons alors récompensés au-delà de nos espérances. Nous possédons la sagesse, le joyau inestimable, lorsque nous nous en remettons complètement à l'Esprit, en sachant que, puisque Dieu connaît la réponse, nous la connaissons aussi. Cette attitude spirituelle fera émerger spontanément de nos profondeurs subliminales la joie de la prière exaucée.

Rendons-nous à la sagesse divine, et déclarons fièrement: « Dieu me guide, me gouverne, et rend prospères toutes mes entreprises. Je répands autour de moi la bonne nouvelle que je dois mes succès, mon bonheur et ma joie perpétuelle à la Sagesse qui règne sur l'univers. »

Vous serez étonné de découvrir de quelle merveilleuse sagesse et de quelle merveilleuse perspicacité vous ferez alors preuve, ce qui vous permettra de faire régner l'ordre, la symétrie, la beauté et l'équilibre dans toutes les phases de votre vie. Vous serez alors automatiquement protégé dans toutes vos entreprises, et vous entreverrez des possibilités de réussite étonnantes où d'autres ne verront rien.

La sagesse consiste à avoir choisi Dieu et son infinie bonté pour contrôler notre vie, et pour être notre manager, notre conseiller, notre guide et notre ami. Nous posséderons la sagesse lorsque nous permettrons à Dieu d'agir envers nous comme un père affectueux, qui prendra soin de nous et qui nous gratifiera de son amour et de sa protection à toute heure du jour. Lorsque nos pensées sont pures et de nature divine, nous sécrétons en notre coeur un amour qui est le calice de l'amour divin; lorsque nos émotions et nos sentiments (notre nature) sont contrôlés par l'esprit de Dieu, nous sommes en paix avec le monde entier; quand l'amour nous sert de mère, notre coeur est plein de compréhension. Nous sommes soumis à la loi de l'amour. « Fuir le mal, voilà l'intelligence. »

L'amour, c'est être l'égal de Dieu, l'accomplissement de la loi. Un homme vint me voir dernièrem?mt en me racontant qu'il avait été la cible des calomnies et des réprimandes de son patron; il était très amer et disait que la fausseté et la rapacité de cet homme étaient sans limites. Mon interlocuteur était malade physiquement et mentalement à cause de la haine qu'il portait à son employeur. Mais peu à peu il acquit la sagesse, qui n'a rien à voir avec des faits et des événements, mais qui se rattache plutôt à l'action d'un principe de vie éternelle à l'intérieur de nous. Il se rendit compte qu'il avait le pouvoir de commander à ses réactions mentales selon la loi de l'harmonie et de la paix. Il réalisa que toutes les critiques dont son patron l'abreuvait ne pouvaient l'atteindre qu'à travers sa pensée. Il décida donc de prendre cette dernière en main et de lui imposer la loi de l'amour et la règle d'or, et il se trouva guéri.

Il s'identifia complètement au but qu'il poursuivait dans la vie, et refusa désormais que quelque circonstance que ce soit ou que quiconque s'interposât entre ce but et lui. Cela devint une habitude pour lui de s'identifier à son objectif dans la vie, qui se définissait par la paix, la tranquillité, la sérénité, la joie et l'harmonie. Tout ce processus représente l'action de la sagesse divine dans l'esprit de l'homme. L'amour divin transforme en or tout ce qui est touché par notre esprit; c'est pourquoi il est écrit: « Toute chose concourt au bien de celui qui aime Dieu. »

Commentaire du chapitre 29 du Livre de Job

> (1) Job continua de s'exprimer en sentences et dit: (2) « Qui me fera revivre les mois d'antan, ces jours où Dieu veillait sur moi, (3) où sa lampe brillait sur ma tête et sa lumière me guidait dans les ténèbres! (4) Puissé-je revoir les jours de mon automne, quand Dieu protégeait ma tente, (5) que Shaddaï demeurait avec moi et que mes garçons m'entouraient; (16) quand mes pieds baignaient dans la laitage, et que du rocher coulaient des ruisseaux d'huile! »

Le secret dont Job fait mention est la joie. Il est possible de garder sa jeunesse à tout jamais en réveillant les dons de Dieu qui dorment en nous. Nous faisons cela chaque fois que nous reconnaissons l'esprit qui nous habite comme étant Dieu tout-puissant et que nous rejetons le pouvoir des fausses croyances. Nous pourrons alors sentir, se mouvant à travers notre corps et notre esprit, la présence du Dieu éternel, du Dieu qui guérit et fait des miracles. Ressentez l'action rajeunissante et fortifiante de Dieu en vous. Vous serez revitalisé en affirmant ces vérités du point de vue de Celui qui est infini, et cela spirituellement, mentalement et physiquement. Vous déborderez de joie et d'enthousiasme comme aux jours de votre jeunesse, pour la simple raison que vous aurez le pouvoir de provoquer en vous l'état de joie émotionnelle et mentale.

La flamme qui nous éclaire est celle de la divine intelligence, qui nous révèle tout ce que nous devons savoir et qui nous permet de croire en la présence de Dieu à nos côtés malgré les apparences. Où il y aura manque, nous verrons de l'abondance, car la Lumière sera dans notre esprit, et nous sommes sur terre pour laisser cette lumière se manifester dans toutes nos entreprises. Où il y aura chagrin, nous verrons la joie, où il y aura chaos et désordre, notre esprit percevra désormais intuitivement l'ordre divin, qui règne dans tout l'univers. Si le sentiment d'impuissance ou toute autre pensée inhibitrice venait à notre esprit, il faudrait alors élever notre regard jusqu'à la solution divine, en sachant que la force miraculeuse opère et nous conduit.

La solution à nos problèmes peut rester insaisissable pour l'intellect, mais le fait d'être conscient de l'existence de la force créatrice en nous est la lumière qui nous élève. Cette lumière guide nos pas dans l'obscurité. Elle est la sagesse divine qui oint l'intellect, éclaire les régions sombres de notre esprit, nous révèle le plan parfait et la direction que nous devons suivre.

(14) J'avais revêtu la justice comme un vêtement,
j'avais le droit comme manteau et turban.

Dans ce verset, nous portons encore un jugement. Notre jugement, c'est notre pensée; notre décision, c'est notre conclusion. Nous choisissons ce qui est noble, aimable et divin, et alors notre jugement est juste. La loi de notre subconscient réagit toujours automatiquement à nos décisions conscientes. Notre jugement doit être comme le manteau, c'est-à-dire la vérité. Le turban représente l'institution de l'ordre, de la symétrie et de la proportion à l'endroit où se trouvaient à l'origine le problème et la difficulté.

Si votre père est malade, et que vous le voyez malade et souffrant, votre jugement est faux. Au contraire, si vous voyez en lui la présence divine, et si vous êtes convaincu que le pouvoir de guérison de cette dernière pénètre et sature chacun des atomes de son corps, et que la paix de Dieu envahit son esprit et tout son être, alors votre jugement est comme le manteau et le turban. Votre jugement est juste, et alors que vous continuez à ressentir cette atmosphère de santé, de paix spirituelle et de perfection autour de votre père, vous voyez ce dernier comme il devrait être: libre, heureux et resplendissant de santé.

Vous revêtez le bien comme un manteau lorsque vous pensez bien, que vous jugez bien, que vos actions sont droites et que votre relation à Dieu est bonne. Vous revêtez le manteau du bien lorsque vous affirmez la primauté de l'ordre et du droit divin, car l'ordre est la première loi du ciel.

Soyez convaincu que vous ne faites qu'un avec vos désirs et affermissez cette conviction en vous. Vous revêtez maintenant le mantau de la droiture, c'est merveilleux!

(15) J'étais les yeux de l'aveugle, les pieds du boiteux.

Vous êtes « aveugle », au sens que la Bible donne à ce terme, lorsque vous vous avouez vaincu devant un problème, ou que vous dites qu'il n'y a pas d'issue à votre dilemme. Votre éveil spirituel vous permet de vous rendre compte que, lorsque votre conscience change, les conditions et les circonstances de votre existence changent aussi, et qu'il est possible de visualiser la solution de tout problème, quel qu'il soit, et de le voir se régler comme vous le désirez. Alors que vous restez plongé dans cette atmosphère spirituelle, l'aube se lève et les ombres disparaissent. La Divine Intelligence brillera à travers vous, elle vous guidera et vous révélera le moyen d'atteindre la perfection. Vous « boitez » lorsque vous avez peur d'avancer vers votre but. Bien des gens hésitent, s'arrêtent et battent en retraite lorsqu'ils doivent faire face à des obstacles et à des difficultés.

Les « pieds » représentent la compréhension, vous êtes comme « les pieds du boiteux » lorsque vous êtes debout sur le roc de la vérité, en sachant que ce que vous acceptez dans votre esprit et ce à quoi vous consentez mentalement viendra à se réaliser. Tenez-vous bien droit sur le roc de la vérité et ne vous laissez pas emporter, détourner ou effrayer; car c'est un lien inexpugnable et la victoire vous est assurée, et il en sera fait de vous selon votre foi (votre acceptation mentale).

L'intelligence créatrice qui vit en vous est la lumière qui éclaire tous les humains depuis le berceau. La lumière de votre esprit détermine ce que vous voyez, et vous voyez toujours les potentialités extraordinaires qui sommeillent en vous et les autres.

Commentaire du chapitre 31 du Livre de Job

(1) J'avais fait un pacte avec mes yeux, au point de ne fixer aucune vierge. (2) Or, quel partage Dieu fait-il donc de là-haut, quel lot Shaddaï assigne-t-il de son ciel? (3) N'est-ce pas le malheur qu'il réserve à l'injuste et l'adversité aux hommes malfaisants? (4) Ne voit-il pas ma conduite, ne compte-t-il point mes pas? (5) Ai-je fait route avec le mensonge, pressé le

pas vers la fausseté? (6) Qu'il me pèse sur une
balance exacte; lui, Dieu, reconnaîtra mon intégrité.

Job est toujours intrigué par la cause de toutes les
manifestations du mal. C'est pour lui une leçon très difficile
à apprendre. Il ne sait pas encore que son subconscient
n'est pas toujours respectueux des personnes, et que s'il
s'étend dans le lit de son esprit et s'unit mentalement
et émotivement à des pensées mauvaises et à des concepts destructeurs, il mettra au monde une progéniture
porteuse du mal. Job doit mourir à la vieille croyance en
l'Arbre du bien et du mal (les deux forces ou la dualité) et
rencontrer la Force unique qui manifeste par des lois
l'image et la ressemblance de ce qui a été semé en lui par
l'esprit illuminé et conscient.

(9) Si mon coeur fut séduit par une femme, si
j'ai épié à la porte de mon prochain.

L'erreur de Job, en dernière analyse, ne réside pas en
une inconduite apparente, mais dans l'ignorance de la
source de son intégrité — Dieu. Il n'est pas encore parvenu
à la vérité car il doit d'abord mourir psychologiquement
en arrivant à un point dans sa conscience où la partie
consciente de l'esprit cesse de s'agiter comme un écureuil
en cage, mais trouve le calme en Dieu et s'ouvre à sa
sagesse. Job doit apprendre à laisser l'intelligence infinie
le conduire, le guider et prendre le contrôle de sa vie.

(19) Ai-je vu un miséreux sans vêtements, un
pauvre sans couverture, sans que leurs reins m'aient
béni, que la toison de mes agneaux les ait réchauffés.

Job a donné, au sens physique, de la chaleur aux
miséreux grâce à la toison de ses moutons, mais il n'arriva
pas à réchauffer au sens psychologique ses désirs et ses
idéaux par un état d'esprit reflétant la joie. Ces idées
misérables furent condamnées à geler car elles ne purent
jouir de la toison des agneaux de Job (les sentiments de

joie et d'espoir). Il se montra ainsi un piètre berger pour son troupeau (ses sentiments et ses états d'esprit).

Job déclare avoir toujours vêtu ceux qui étaient pauvres et nus. Vous entendrez partout ce même cri répété par une foule de gens: « J'ai toujours fait la charité. Je vais à l'église régulièrement. J'ai été plein de gentillesses envers mes proches, etc. » Il faut toujours se rappeler que ces gens ont oublié de pourvoir d'un vêtement leurs désirs, leurs idéaux et les aspirations de leur coeur. Ils ne sont pas arrivés à donner attention, amour et dévotion aux valeurs spirituelles de l'existence, ou bien ils ont négligé d'adorer le seul vrai Dieu.

Nombre de bonnes gens sont bons au sens où ils apportent une contribution importante à la vie de la société, et où ils mènent une vie respectable aux yeux du monde. Mais leur relation avec Dieu peut être empreinte d'animosité. Ainsi ils vivent dans la peur constante de l'échec, de la punition divine pour des péchés qu'ils ont commis, ou bien ils peuvent cacher en eux des peurs, des jalousies et des haines secrètes. Il faut prier ardemment, aimer et donner vie aux qualités et aux attributs de Dieu. La veuve et l'orphelin se trouvent en nous car nous n'avons pas chéri nos rêves comme s'ils étaient nos enfants, et nous n'avons pas créé dans notre esprit un foyer où nos aspirations puissent se développer.

> (24) Ai-je placé dans l'or ma confiance et dit à l'or fin: « Ô ma sécurité. »?

Job aurait dû mettre son espoir en l'or de la sagesse et non en l'or de l'intellect.

> (40) Qu'au lieu de froment y poussent les ronces à la place de l'orge, l'herbe fétide. (40b) Fin des paroles de Job.

« Les paroles de Job », l'homme enchaîné, arrivent ici à leur fin. Le vieillard limité par ses opinions, qui n'entrevoit parfois la vérité qu'à travers un verre déformant, cède maintenant sa place à un nouveau Job, qui s'exprime au chapitre 32 par la bouche d'Élihu, nom qui signifie: « le Dieu vivant ».

Commentaire du chapitre 32 du Livre de Job

(1) Ces trois hommes cessèrent de répondre à Job parce qu'il s'estimait juste. (2) Mais voici que se mit en colère Élihu, fils de Barakeel le Buzite, du clan de Ram. Sa colère s'enflamma contre Job parce qu'il prétendait avoir raison contre Dieu; (3) elle s'enflamma également contre ses trois amis, qui n'avaient plus rien trouvé à répliquer et ainsi avaient laissé les torts à Dieu.

Ainsi se terminent les paroles de Job. En passant à l'état de conscience dénoté par le nom d'« Élihu », Job retrouve sa raison, son intégrité, sa plénitude et son unité avec Dieu, et il enflamme son courroux contre ce qu'il était avant, lui qui avait l'habitude de se justifier et de rationaliser sa condition plutôt que de rechercher au-dedans de lui-même cette présence infiniment conciliatrice. En termes psychologiques, c'est le moment où l'esprit conscient (Job discutant et s'apitoyant sur lui-même) tombe endormi; Élihu, le sentiment de ne faire qu'un avec Dieu, s'éveille. Le nom « Élihu » signifie que l'homme reconnaît que son Surmoi, le JE SUIS, est Dieu et que lorsque l'on dit: « JE SUIS », on annonce véritablement la présence et la puissance de Dieu comme étant sa réalité intérieure.

(7) Je me disais: « L'âge parlera, les années nombreuses feront connaître la sagesse. » (8) À la vérité, c'est un esprit dans l'homme, c'est le souffle de Shaddaï qui rend intelligent. (9) Le grand âge ne donne pas la sagesse, ni la vieillesse le sens du juste.

On n'apprend pas nécessairement par expérience, c'est pourquoi le grand âge ne signifie pas toujours la sagesse. Tant que l'on n'accorde aucune attention à Dieu et à sa Sagesse, on prie en vain. Le jugement auquel il est fait allusion au verset 9 est l'évaluation mentale, la conviction ou bien encore l'image de vous-même que vous sentez dans votre conscience, et les impressions et les perceptions que renferme votre état de conscience sont toujours réfléchies sur l'écran de l'espace. Si vous ne savez pas que votre conscience est le facteur qui dirige tout ce qui se passe dans votre vie, vous ne pouvez absolument pas savoir si d'un point de vue chronologique vous êtes âgé de neuf ans ou de quatre-vingt-dix ans.

> (18) Car je suis plein de mots, oppressé par un souffle intérieur. (19) En mon sein, c'est comme un vin nouveau cherchant issue et qui fait éclater des outres neuves.

Le vin nouveau dont il est question est la sagesse divine qui illumine l'intellect et vous amène à louer et exalter Dieu en vous-même. Ce vin est votre nouvelle interprétation de la vie, grâce à laquelle vous devenez enthousiaste, ragaillardi et comme grisé par Dieu. Vous débordez d'un enthousiasme joyeux, vous êtes pris d'une divine frénésie et, ce qui est plus étonnant, d'un respect mystique devant Dieu.

L'état de conscience que nous avons dénommé Élihu n'aura de rapport qu'avec Dieu et son omniprésence. Ainsi, Élihu est prêt à éclater comme des outres remplies de vin nouveau et à donner libre cours à l'amour et la liberté.

> (21) Quand sa chair se consume à vue d'oeil, et que se dénudent les os qui étaient cachés.

Très souvent, lors de séances de spiritisme et de transes psychiques, on n'arrive pas à entrer en contact avec la source véritable de la Sagesse et l'on est souvent entraîné par la flatterie ou les supercheries. Le JE SUIS, ou Dieu, ne donne aucun titre flatteur à l'homme.

Commentaire du chapitre 33 du Livre de Job

(1) Mais veuille, Job, écouter mes dires, tends l'oreille à toutes mes paroles. (2) Voici que j'ouvre la bouche et ma langue articule des mots sur mon palais. (3) Mon coeur délivrera des paroles de science, mes lèvres s'exprimeront avec sincérité.

La voix de Dieu (Élihu) parle maintenant d'un niveau subjectif et Job commence à ressentir la présence de Dieu tant mentalement que dans ses émotions — la présence de l'harmonie, la santé, la paix et la joie dans son coeur. La vie de Job (l'esprit conscient) exprime la connaissance de manière claire et il sait parfaitement bien que l'Esprit est présent en lui, Esprit qui donne inspiration et compréhension. Job ne doit plus écouter les fulminations ennuyeuses et emphatiques de ses consolateurs précédents (les croyances et opinions erronées) car il est maintenant éveillé à la vérité de l'Être. Tout comme Job, vous n'avez plus voix au chapitre lorsque vous rejetez de votre esprit tout ce qui vous amène à penser que vous êtes la victime d'une punition, d'une vengeance ou du karma. Faites taire en vous les trois consolateurs que sont la croyance, les dogmes et la tradition. Ne permettez plus à ces anciens concepts de s'exprimer car ils sont source de mensonge. Suivez les ordres du Très-Saint et soumettez-vous aux exigences de la Sagesse Divine, en sachant très bien que vous êtes un soldat de Dieu, exécutant ses ordres afin d'instaurer le règne de la beauté, de l'ordre, de l'amour, de l'harmonie et de l'inspiration dans votre vie et dans celle de ceux que vous côtoyez. Soyez fidèle à votre engagement et sa Lumière brillera au-dessus de votre tête, son Intelligence vous guidera au travers des ténèbres pour arriver là où tout est Lumière, Amour, liberté de l'Esprit dans la gloire du fils de Dieu.

(14) Dieu parle d'une façon et puis d'une autre, sans qu'on prête attention. (15) Par des songes, par

des visions nocturnes, quand une torpeur s'abat sur les humains et qu'ils sont endormis dans leur couche, (16) alors il parle à leurs oreilles, il les épouvante par des apparitions, (17) pour détourner l'homme de ses oeuvres et mettre fin à son orgueil. (18) Il préserve ainsi son âme de la fosse, sa vie du passage par le Canal.

Le propos du verset 14 est de nous rappeler que Dieu parle sans cesse et transmet sans cesse ses vérités à tous les hommes où qu'ils soient. La rivière de l'Esprit infini, de la Sagesse et de l'Intelligence vous emporte sur ses flots ainsi que tous les autres hommes maintenant et où que vous soyez. Il se peut que vous soyez trop occupé pour écouter mais si vous faites le silence dans votre esprit, vous entendrez ce que Dieu a à dire. Arrêtez de divaguer, de grogner ou de faire des déclarations solennelles. Dieu connaît la réponse. Vous essayez de l'entendre et, dans le silence, il parle. Comment pouvez-vous entendre si vous refusez d'écouter?

Dans les versets 15 et 16, Job vous rappelle qu'il est possible que vous trouviez une réponse à vos problèmes dans un rêve ou dans une vision nocturne. L'auteur de ce livre a reçu des réponses à beaucoup de prières dans un état de rêve. Chaque nuit, lorsque vous vous endormez, vous emmenez au plus profond de vous-même le dernier concept que vous aviez à l'esprit à l'état de veille, et ce concept se grave alors dans votre subconscient. En d'autres mots, l'état d'esprit dans lequel vous vous endormez détermine les expériences que vous aurez le lendemain et les jours suivants, sauf si vous changez votre état conscient par la prière et la méditation. Tout ce que vous imprimez dans votre subconscient sera exprimé comme expérience et événement. Endormez-vous avec la conviction que votre prière sera entendue. Le sommeil porte conseil.

Le docteur Bigelow d'Angleterre a fait d'importantes recherches sur les mystères du sommeil, et il a montré que même dans un état de sommeil profond, l'on ne dort pas réellement. Votre coeur, vos poumons et tous vos organes vitaux continuent de fonctionner aussi bien que vos nerfs optiques, auditifs, olfactifs, et gustatifs.

Le Psaume IV dit: « En paix, je me couche, aussitôt je m'endors: toi seul, Yahvé, tu m'établis en sûreté. »

Le docteur Bigelow, dans son travail de recherche intitulé *le Mystère du sommeil*, cite le cas du professeur Agassiz qui a reçu une réponse remarquable à un de ses problèmes les plus complexes dans son sommeil.

« Depuis deux semaines il essayait de déchiffrer une impression quelque peu obscure d'un poisson fossile sur une dalle de pierre dans laquelle il était préservé. Désabusé et perplexe, il a finalement laissé tomber son travail et a essayé de ne plus y penser. Peu de temps après, il s'éveilla, une nuit, persuadé d'avoir vu dans son sommeil son poisson avec toutes ses parties parfaitement reconstituées. Mais, quand il essaya d'en prendre note, l'image lui échappa. Néanmoins, il se rendit très tôt au Jardin des plantes pensant qu'en regardant à nouveau l'impression, il verrait quelque chose qui le mettrait sur la piste de sa vision. En vain — l'esquisse qu'il gribouilla fut aussi nulle que d'habitude. La nuit suivante, il vit le poisson à nouveau, mais sans plus de résultat. En effet, quand il s'éveilla, celui-ci disparut de sa mémoire comme auparavant. Espérant que la même expérience puisse se répéter encore une fois, la troisième nuit, il plaça un crayon et un papier près de son lit avant de s'endormir.

« Enfin, vers le matin, le poisson réapparut dans son rêve, d'abord très confusément, mais ensuite avec une telle clarté qu'il n'avait plus aucun doute quant à ses caractéristiques zoologiques. Alors, encore à moitié rêvant, dans l'obscurité totale, il traça sa vision sur la feuille de papier à côté de son lit. Le matin, il fut surpris de voir, en observant son esquisse nocturne, des caractéristiques qu'il n'avait jamais soupçonné pouvoir trouver chez son fossile. Il se précipita alors au Jardin des plantes et se servant de son dessin comme un guide, il réussit à tailler la pierre qui, il s'en rendit compte alors, cachait certaines parties du poisson. Une fois totalement mis à jour, ce dernier correspondait parfaitement à son rêve et à son dessin, et il réussit à ce moment à le classifier avec facilité. »

Je vais maintenant vous donner un autre exemple afin d'illustrer la manière selon laquelle votre moi subjectif peut vous instruire et vous guider pour résoudre des questions que vous vous posez quand vous allez vous coucher. Il y a de cela bien des années, je fus envoyé en Orient pour occuper un poste assez lucratif et, une nuit, avant de m'endormir, je fis la prière suivante: « Père, toi qui sais toute chose, indique moi la décision que je dois prendre. Merci pour tes conseils. »

Je répétai cette simple prière tant et tant de fois, telle une berceuse, avant de m'endormir, que, dans un rêve, je fus le témoin d'événements qui se réaliseraient deux ou trois ans plus tard. Un vieil ami apparut dans le rêve et dit: « Lis ces titres de journaux — ne t'en vas pas! » Ces grands titres faisaient allusion à la guerre. Il arrive aussi que l'écrivain en plein travail rêve littéralement. De plus, le moi subjectif de l'homme projette toujours en lui-même une personne à laquelle il obéira immédiatement, parce qu'il lui fait confiance et l'aime. Pour certains, une mise en garde peut prendre les traits d'une mère qui apparaît dans un rêve. Elle leur dit de ne pas se rendre à tel ou tel endroit et leur donne la raison de cet avertissement. Le côté subjectif de notre personnalité est plein de sagesse. Il sait tout. Il s'adressera à vous seulement avec la voix que votre conscience reconnaîtra immédiatement comme étant la voix de la vérité. C'est pourquoi ce ne sera jamais la voix de quelqu'un en qui vous n'avez pas confiance ou que vous n'aimez pas. Très souvent, la voix d'une mère ou de quelqu'un que vous aimez peut vous arrêter dans la rue et vous constaterez que, si vous aviez fait un pas de plus un objet tombant d'une fenêtre aurait pu vous fracasser le crâne. Bien évidemment, ce n'est pas véritablement la voix de votre mère, de votre professeur ou de votre ami, mais c'est simplement la voix de votre propre Moi subjectif qui s'adresse à vous sur un ton tel que vous obéissez immédiatement. Afin d'être absolument sûr, j'ai posé la question à mon ami et il m'a assuré qu'il ne savait rien à propos de cet avertissement qu'il m'avait donné subjectivement.

Non, assurément, c'est le moi subjectif de l'homme qui met toujours en scène son propre contenu sous forme de rêve ou de vision nocturne. Si l'homme se suggère à lui-même qu'il comprendra et se souviendra du symbolisme mis en scène, il connaîtra le dénouement de beaucoup de choses et apprendra aussi à changer ses rêves. En changeant sa conscience, il change le rêve, et en rêvant, il se réalise.

Joseph avait reçu un avertissement dans un rêve. Dieu s'adressa à Salomon en rêve et lui offrit de choisir des dons. Salomon choisit la sagesse et Dieu ajouta longue vie et fortune. À travers tous ces dons, tâchons de comprendre ce principe, et nos piliers de force seront les deux grands piliers du temple, Boaz et Jachin, la Sagesse et la Compréhension.

Possédant la sagesse que la Bible enseigne, et l'entendement nécessaire pour mettre en pratique les principes psychologiques, la droiture inhérente à l'homme va se manifester et il n'aura aucunement besoin de règles de conduite humaines pour être guidé, car il sera dirigé par une Puissance infiniment sage se trouvant en lui. Si les choses que vous désirez maintenant vous rendent heureux lorsque vous les aurez obtenues, vous et ceux de votre entourage, alors c'est en vérité la Volonté de Dieu. « Je suis venu pour que vous ayez la vie et que vous en jouissiez en abondance. Jusqu'à présent vous n'avez rien demandé, maintenant, demandez que votre joie soit totale. »

Par la prière, réalisez la grande unité et percevez les buts du désir exaucé. L'Être en vous voit le début et la fin. Il vous montre la fin dans un pressentiment, dans un rêve, dans une vision ou par l'entremise d'une voix. Écoutez-là. Elle vous parle. Obéissez-lui car c'est la voix de la Sagesse. *Dans un rêve, dans une vision nocturne, quand le sommeil profond tombe sur les hommes, il leur fait entendre ses instructions, il comble de bienfaits ses bien-aimés endormis.*

L'auteur, à la suite de son rêve, remit immédiatement son voyage à plus tard, se fit rembourser ses billets sans plus réfléchir. C'était une impulsion toute subjective qui le forçait à agir ainsi. Un événement futur, la tragédie de Pearl Harbour, a démontré que la Voix Intérieure avait eu raison. *Mets ta confiance dans le Seigneur et fais le bien. Ainsi, tu fouleras le sol de son royaume et, en vérité, tu y seras nourri. Qu'Il soit pour toi la lampe qui guide tes pas.*

Vous éviterez d'être accablé par la tristesse, la frustration, les névroses, les aberrations mentales de toute sorte si vous prenez un recul régulier et systématique par rapport aux vexations et aux conflits du quotidien, et si vous vous mettez à l'écoute de Dieu, cherchant sa force, sa lumière son amour et sa paix. Vous vous épargnez les tensions et les angoisses de ce monde en faisant appel à l'intelligence divine pour conduire, guider, gouverner et diriger tout ce que vous faites. Vous passez un tiers de votre vie à dormir, et c'est afin de pouvoir recevoir instructions et conseils de Dieu et de pouvoir participer à sa Sagesse et à sa gloire.

Le sommeil est comme un décret divin que vous devez observer. Vous trouverez beaucoup de réponses dans votre sommeil. Le sommeil n'est pas seulement le repos du corps, mais il vise aussi à soustraire votre conscience aux tracas, conflits et discordes que vous rencontrez pendant votre journée, il vous permet de chercher consolation, confort, guérison et l'illumination dans votre union avec Dieu en entrant chaque nuit dans le Saint des Saints. Chaque nuit de votre vie, quand vous vous endormez, vous comparaissez devant le Roi des Rois, le Seigneur des Seigneurs, Dieu, l'esprit vivant et tout-puissant à l'intérieur de vous. Soyez prêt, mentalement et émotionnellement à répondre, à l'appel de Dieu. Mettez-vous au lit avec un chant divin dans le coeur, avec des sentiments d'amour et de bonne volonté envers chaque être humain de ce monde. Comparaissez devant lui revêtu de la tunique de l'Amour, de la paix, de la louange et de la gratitude. Vous devez être sans tache, sans souillure quand vous rendez visite à Dieu qui est amour absolu et présence immaculée. Vous devez être impeccable, drapez-vous dans le manteau de l'amour et endormez-vous en louant toujours Dieu.

Vous devez vous rappeler qu'il y a divers degrés de sommeil, et que chaque fois que vous priez, vous êtes en fait endormi au monde mais éveillé à Dieu. Lorsque vous détournez vos cinq sens de votre problème, ou de la difficulté à résoudre à laquelle vous faites face, et vous vous concentrez sur la solution, ou la réponse, en sachant très bien que la sagesse subjective de Dieu vous apportera une solution à laquelle vous n'avez pas pensé, alors vous pratiquez l'art du sommeil tel que mentionné dans la Bible. Vous n'êtes pas sensible aux supercheries et à l'influence hypnotique du monde lorsque vous acceptez comme étant vrai ce que votre raison et vos sens nient. Par exemple, quand vous entendez parler d'une personne qui souffre de dépression nerveuse, vous comprenez que c'est quelqu'un qui s'est éloigné de Dieu et a cohabité mentalement avec les faux dieux de la peur, du tracas, de la mauvaise volonté, du remords et de la confusion.

Faites un retour régulier et systématique à ce que vous avez de divin en vous. Pensez, sentez et agissez en prenant le point de vue de Dieu et en refusant le point de vue imposé par la peur, de l'ignorance et de la superstition. Toute la nature dort, les fleurs, les arbres, les chiens, les chats, les insectes, etc. Le sommeil est la douce nurse de la nature. La guérison a lieu beaucoup plus vite lorsque vous dormez. En effet, votre conscience n'est plus occupée à peser le pour et le contre, à s'inquiéter, à se tourmenter, se tracasser, se ronger; elle est subjuguée et la présence guérissante peut agir sans encombre ou sans réaction négative. Rappelez-vous que votre esprit connaît déjà le futur, à la nuance près que vous pouvez le changer par la prière; il n'y avait rien d'étonnant à avoir le rêve que j'ai eu et dans lequel j'ai vu les grands titres des journaux new-yorkais bien avant la Deuxième Guerre mondiale. En esprit, la guerre avait déjà eu lieu et tous les événements qui allaient marquer son déroulement étaient gardés en mémoire par ces puissants instruments que sont le subconscient et l'inconscient collectif. Les événements de demain sont gardés au tréfonds de votre esprit; c'est aussi le cas pour ceux de la semaine prochaine, de l'année prochaine, que seul un visionnaire peut prévoir.

Si vous priez, il se peut qu'aucune de ces choses n'arrive; rien n'est prédéterminé, arrangé à l'avance. Votre conscience détermine votre destinée et votre conscience est la synthèse de ce en quoi vous croyez consciemment et inconsciemment. Ainsi, vous pouvez, par le biais d'une prière scientifique, mouler, façonner, diriger votre avenir parce que vous avez décidé d'être guidé par la Sagesse de Dieu et sa Sagesse vous conduit en effet sur le chemin plaisant de la paix. L'état d'esprit dans lequel vous vous endormez le soir détermine celui du lendemain. Lisez un psaume avant de vous endormir, accordez quelque attention à ce verset: « Je bénis le Seigneur de toute mon âme et de toutes mes forces. Que son saint nom soit béni. » Vous retrouverez dans la vie de tous les jours, le même état d'esprit que celui dans lequel vous vous êtes endormi.

Le docteur Emmet Fox, auteur du *Sermon sur la Montagne* et d'autres livres assez populaires, m'a affirmé que beaucoup des grandes solutions à ses problèmes lui sont venues sous forme de proverbes alors qu'il dormait profondément. Il voyait l'explication probable du fait qu'il ait reçu ses réponses dans son sommeil en ce qu'il était, à cette époque, trop absorbé par ses affaires et trop occupé à l'état de veille.

Ce soir, en vous endormant, ayez déjà le sentiment que votre prière est exaucée, et soyez reconnaissant d'être ainsi exaucé car Dieu seul connaît la réponse. Dieu donne à ceux qu'il aime pendant leur sommeil.

(23) Alors, s'il se trouve près de lui un Ange, un Médiateur pris entre mille, qui rappelle à l'homme son devoir, (24) le prenne en pitié et déclare: « Exempte-

le de descendre dans la fosse: j'ai trouvé la rançon pour sa vie. »

Ce qui vous sauve, c'est le fait d'être conscient que Dieu vous habite. La présence divine est immergée dans les profondeurs de votre inconscient, et quand vous rentrerez consciemment en contact avec l'intelligence infinie et l'amour sans bornes, vous serez guéri, vous surmonterez vos déficiences cachées et vous bannirez de votre vie les sentiments de peur et de manque. Vous arrêterez de pécher et de rater le but que vous vous étiez fixé, car vous aurez découvert que le divin en vous ne peut être malade, frustré ou malheureux. Vous êtes déjà sauvé et tout ce qu'il vous reste à faire c'est de participer à la présence divine par la méditation. Vous vous apercevrez alors que les champs sont mûrs et bons pour la moisson.

Votre conscience, votre foi et votre confiance dans votre propre essence vous sauveront de la peur, du doute, des tracas et de la maladie ainsi que de tout autre ennui. Le prix à payer pour la liberté et le bonheur est la paix de l'esprit: c'est l'acceptation de soi et de la foi. Vous devez renoncer à certaines choses pour en recevoir d'autres en retour. Donner c'est recevoir, vous devez renoncer aux fausses croyances en des sauveurs individuels et recevoir le Très-Haut comme votre libérateur.

Commentaire du chapitre 34 du Livre de Job

(29) Mais s'il reste immobile sans que nul ne l'ébranle, s'il voile sa face sans se laisser apercevoir, c'est qu'il prend en pitié nations et individus.

Personne ne peut vous déranger ou vous ennuyer sans votre consentement mental. L'océan ne peut engloutir un navire à moins que l'eau ne s'y infiltre. De même, aucune personne, ou condition extérieure, ne peut vous déranger, à moins que vous ne participiez mentalement et choisissiez de vous fâcher ou de vous laisser remplir de haine. Vous pouvez choisir de vous identifier à un Dieu de paix et de vous laisser bercer par la douceur de sa paix, en vous identifiant avec votre but, qui est Dieu et son infinie bonté, et refuser de vous identifier avec la tristesse, les tracas et l'autocritique.

Commentaire du chapitre 36 du Livre de Job

> (3) Je veux tirer mon savoir de très loin, pour justifier mon créateur.

Vous êtes conscient de la puissance extraordinaire de l'Autre en vous. À l'université Duke et dans beaucoup d'autres laboratoires de recherche de par le monde, on démontre quotidiennement les pouvoirs de la perception extra-sensorielle: la capacité de l'esprit subjectif de transcender l'espace et le temps et de révéler ce qui se passe à distance, ainsi que celle de vous apporter la solution à n'importe quel problème, et, enfin, sa capacité d'amener la sagesse de très loin, en vous révélant tout ce que vous avez besoin de savoir n'importe où et n'importe quand.

> (27) C'est lui qui réduit les gouttes d'eau, pulvérise la pluie en brouillard. (28) Et les nuages déversent celle-ci, la font ruisseler sur la foule humaine. (29) Qui comprendra encore les déploiements de sa nuée, le grondement menaçant de sa tente. (30) Il répand un brouillard devant lui, couvre les sommets des montagnes. (31) Par eux il sustente les peuples, il leur donne nourriture en abondance. (32) À pleines

mains, il exhale, il soulève l'éclair et lui fixe le but à atteindre. (33) Son fracas en annonce la venue, la colère s'enflamme contre l'iniquité.

Beaucoup considèrent ces versets comme difficiles à interpréter. Néanmoins, ils sont extraordinairement simples quand l'on médite sur leur signification. La meilleure façon de lire la Bible est de se dire: « Qu'ai-je voulu dire quand, en tant qu'auteur du Livre de Job, j'ai écrit ces vers il y a plusieurs milliers d'années? » En faisant cela, vous vous mettez sur la même longueur d'ondes que l'Esprit qui a écrit tous ces livres et, puisque par nature il aime répondre aux demandes qu'on lui fait, vous recevrez des instructions. La clé de l'interprétation de ce passage est l'humeur, la vapeur psychologique qui se condense sous forme de pluie, c'est-à-dire la manifestation de votre idéal tel qu'indiqué dans le verset 27.

Selon le type de nuage produit par votre état d'esprit, la pluie se condense et tombe sur les hommes en abondance, c'est-à-dire que les manifestations concrètes sont déterminées par la quantité de nuages (l'atmosphère émotionnelle et mentale) qui se forment dans la conscience de l'homme (les cieux).

Verset 29. Le grondement menaçant de sa tente vous rappelle que vous êtes le reposoir du Dieu vivant et ce que vous entendez est la rumeur de la prière exaucée, ou votre conviction profonde, qui, tel le tonnerre, est présage de ce qui va se produire, soit une averse de grêle, ou la manifestation extérieure de votre fécondation inconsciente.

La grande tâche de qui cherche la vérité est de donner une signification spirituelle et psychologique aux entités physiques. Fondamentalement, l'homme est un microcosme à proximité duquel on peut même trouver des correspondances météorologiques dans les cieux (esprit, conscience, émotions). Les nuages qui couvrent le ciel sont une allusion à l'expérience mystique ressentie lorsque l'on s'approche du Très-Saint.

Versets 30 et 31. L'Intelligence infinie et la Sagesse sans bornes, « le fond des mers », se trouvent dans notre subconscient. Les personnages auxquels il est fait allusion dans le verset 31 représentent symboliquement les états d'esprit, les attitudes, les décisions et les idéaux. Votre jugement est votre décision mentale ou la conclusion à laquelle vous êtes arrivé par raisonnement. Vous entendez l'orage et puis vous voyez la pluie. Écoutez la bonne parole en vous tant que vous n'aurez pas eu la réaction souhaitée; ce nuage ou cette impression cache, occulte, la manière selon laquelle celle-ci se déploie et s'exprime. Vous ne savez ni comment, ni quand, ni où ni par quelle source votre prière sera exaucée. C'est le secret de l'Esprit. Vous ne connaissez pas sa manière d'agir, mais vous savez qu'il va pleuvoir pour vous car votre conscience est saturée, vous êtes rempli du sentiment d'être ce que vous désirez être.

Le verset 32 vous rappelle que vous êtes dans les nuages quand vous méditez et quelles que soient les qualités que vous vous attribuiez consciemment — le Merveilleux, le Noble, le Divin, le Tout-Puissant va laisser couler des cieux des flots de béatitudes en votre âme. Les deux dieux de l'orage, Jacques (le bon juge) et Jean (l'amour) sont en vous. Quand vous prenez la décision définitive dans votre conscience que ce que vous désirez est bon et vient de Dieu, et que vous aspirez à ce que Dieu vous supporte, vous êtes comme Job, aimant votre idéal. Toute la puissance de l'Être divin se concentre alors sur ce point précis et vous éprouvez la joie d'être exaucé.

Verset 33. « Le tonnerre » (les convictions intérieures) en « annoncent » (se manifestent) la « venue » (manifestation concrète) imminente après le grondement des émotions dans les cieux (la conscience); le « troupeau » aussi (un ensemble d'attitudes) est conditionné par les vapeurs (les dispositions émotionnelles) qui précèdent la condensation en nuages saturés (les mouvements de la conscience).

Commentaire du chapitre 37 du Livre de Job

(1) Mon coeur lui-même en tremble et bondit hors de sa place, (2) Écoutez, écoutez le fracas de sa voix, le grondement qui sort de sa bouche. (5) Oui, Dieu nous fait voir des merveilles, il accomplit des oeuvres grandioses qui nous dépassent.

Résultant de la grande sagesse d'Élihu, on assiste à un changement radical; le coeur (l'esprit subjectif) est transformé quand la conscience laisse agir la sagesse subjective. La voix de Dieu est ce sentiment de paix qui jaillit en vous.

(7) Alors il suspend l'activité des hommes, pour que chacun reconnaisse là son oeuvre. (8) Les animaux regagnent leurs repaires et s'abritent dans leurs tanières.

Ceci signifie que, au moment de vous coucher, en supposant que la Sagesse Divine résolve vos problèmes, « les bêtes regagneront leurs repaires », c'est-à-dire que vos tracas et vos soucis vont diminuer et seront résolus calmement grâce à la sagesse et à la puissance de votre subconscient. Avant que les « bêtes » (les tracas et les soucis) ne soient dispersées, vous devez apprendre à laisser aller les choses pour laisser agir Dieu. Vous ne devez pas être bloqué par vos expériences négatives du passé, tels des cirons volant autour de la flamme où ils se brûlent s'ils ne changent pas de direction (selon la Loi).

(9) De la Chambre australe sort l'ouragan et les vents du nord amènent le froid.

Le « sud » désigne votre côté émotionnel d'où vient l'« ouragan » (expériences négatives) et le froid, venant du « nord » (la Grande Sagesse) va résoudre les difficultés. Le dernier concept que vous avez à l'esprit avant de vous endormir est scellé dans votre subconscient et la Sagesse Divine qui réside en vos profondeurs subliminales vous offrira souvent une réponse au matin, à condition que vous sachiez que Dieu a la solution. Si le matin, vous vous éveillez confiant, c'est le signe indiquant que le Seigneur voit à vos besoins.

(22) Et du nord arrive la clarté. Dieu s'entoure d'une splendeur redoutable.

Alors « la clarté » signifie que l'harmonie vient du nord (de la sagesse). Dès que votre conscient arrêtera de se tracasser et que vous adresserez votre requête à la Sagesse Divine en vous, les étoiles de la Vérité habitant votre subconscient se mettront à briller et, le lendemain, vous obtiendrez une réponse. Vous serez convaincu intérieurement et serez indifférent aux apparences extérieures. Vous savez très bien dans votre for intérieur que prier c'est accepter comme étant vrai ce que votre raison et vos sens nient.

Commentaire du chapitre 38 du Livre de Job

(1) Yahvé répondit à Job du sein de la tempête et dit: (2) « Quel est celui-là qui obscurcit mes plans par des propos dénués de sens? (3) Ceins tes reins comme un brave: je vais t'interroger et tu m'instruiras. (4) Où étais-tu quand je fondai la terre? Parle, si ton savoir est éclairé. (5) Qui en fixa les mesures, le saurais-tu, ou qui tendit sur elle le cordeau? (6) Sur quel appui s'enfoncent ses socles? Qui posa sa pierre angulaire, (7) parmi le concert joyeux des étoiles du matin et les acclamations unanimes des Fils de Dieu? »

Ce n'est pas une question posée par Job à Dieu, mais c'est une question que l'Homme pose à la partie supérieure de son esprit. Vous avez oublié qui vous étiez et vous essayez de vous en souvenir. Vous avez oublié votre origine divine et accepté comme vraie l'opinion des hommes; en conséquence, vous péchez ou faites fausse route car vous ne savez pas que votre essence est précisément le Dieu que vous cherchez. Ainsi, vous errez au pays des Dieux multiples et des puissances diverses. Vous étiez dans l'état absolu avant de naître et, quand vous êtes né, vous étiez Dieu prenant les traits d'un enfant naissant.

Tous nous sommes nés habitués à l'esprit de la race et à tout ce que notre environnement représente pour nous. Le péché originel n'a rien à voir avec l'acte sexuel; c'est au contraire l'homme croyant en la sagesse du monde, croyant les opinions des hommes et utilisant son esprit dans le but de détruire. Celui qui aime la vérité et qui met en pratique la présence divine est comme un morceau d'acier aimanté — celui qui n'est pas ouvert à Dieu est comme un morceau d'acier non aimanté — le courant magnétique est présent mais sans effet sur lui. Lorsque vous contemplez la présence divine, la structure électronique et atomique de votre corps se change et vibre en conséquence. Le vrai vous a créé, ainsi que le monde et tout ce qu'il contient, et il a une mémoire infaillible. Quand vous vous éveillerez à votre divinité, vous réaliserez que l'univers entier est en vous.

Les planètes sont des pensées, comme le soleil et les étoiles, et votre conscience est ce qui sous-tend le tout. Les rêves du rêveur se meuvent temporairement dans l'espace, et le soleil, la lune et les étoiles sont les pensées de celui qui pense. Vous en arrivez à la conclusion foudroyante que Dieu médite et que vous êtes ses Méditations.

> (32) Amener la Couronne en son temps, conduire l'ourse avec ses petits? (33) Connais-tu les lois des Cieux, appliques-tu leur charte sur terre?

Votre Concordance vous donne la clé de ces versets. Mazzaroth signifie les douze puissances ou les douze facultés de votre esprit. Si vous faites appel à ces disciples ou facultés et que vous les disciliniez bien par la prière, la méditation et la contemplation, vous répondrez à toutes les questions mises de l'avant dans ce magnifique chapitre 38 du Livre de Job. Vous pouvez faire appel à Mazzaroth en domptant vos douze facultés de la manière suivante:

Reuben ou André signifie: « Tournez-vous vers le soleil ou vers Dieu. » André désigne la perception spirituelle qui est la première faculté de l'homme: par « vision spirituelle », on entend: « compréhension, illumination et intelligence ». Ce n'est pas une vision tridimensionnelle mais une vision de la réalité extérieure du fait. Votre côté spirituel voit la loi de cause à effet à l'oeuvre partout, et il sait qu'il y a un plan subjectif derrière toutes les manifestations de son corps et de ses rapports avec autrui. Il sait que la concrétisation de ses désirs est la Vérité qui le libère.

Nous regardons l'atmosphère et nous disons ne rien y voir; néanmoins, la vie y abonde. Nous regardons les cieux et nous voyons les étoiles, mais quand nous regardons au télescope, nous voyons des étoiles innombrables que l'on ne voyait pas à l'oeil nu. Qui a raison: le télescope ou l'oeil? Beaucoup pensent que le soleil se lève à l'est et se couche à l'ouest, alors que la vision spirituelle sait que cela n'est pas vrai.

Si un membre de votre famille est malade, comment le percevez-vous? Si vous le voyez en mauvaise santé, c'est que vous ne dominez pas André. Votre perception ou votre connaissance spirituelle doit être une vision parfaite de leur santé ou de leur bonheur.

Résistez-vous aux conditions de vie qui vous sont inspirées à la maison ou au bureau? Êtes-vous offensé par elles? Les combattez-vous? Si c'est le cas, André ne vous est pas soumis. Par contre, si vous vous détachez des problèmes et si vous vous concentrez sur votre bien, vous êtes tout prêt de dominer cette puissance.

Pierre est le deuxième disciple ou faculté de l'esprit. Pierre symbolise le roc de la Vérité — la conviction immuable de l'existence du bien. Pierre est cette faculté de l'esprit qui révèle à l'homme: « Tu es le Christ, le fils du Dieu Vivant. » (saint Jean 6:69.) Ceci révèle que la véritable essence de l'homme, c'est Dieu, le Sauveur. Pierre est fidèle jusqu'à la fin. Il est fidèle tout au long du chemin, convaincu que le Tout-Puissant est en sa faveur et « Nul ne peut arrêter sa main ou lui dire: qu'as-tu fait là? » (Dan. 4:32.)

Répondez-vous à l'idéal ou au désir qui s'exprime en votre coeur: « Je suis trop vieux ou je n'ai pas assez d'argent. Je ne connais pas les bonnes personnes »? Dites-vous, par exemple, qu'étant donné les circonstances, l'inflation, le gouvernement en place, les conditions extérieures, il est impossible d'atteindre votre objectif? Si tel est le cas, vous n'avez pas dominé Pierre, et, en fait, vous compromettez votre propre joie de réaliser votre idéal. La foi (Pierre) n'arrête devant aucun obstacle et ne reconnaît comme maître et Seigneur que sa propre essence. Priez-vous pendant un instant pour abandonner ensuite et dire: « J'ai essayé, mais cela ne marche pas! » Si vous agissez ainsi, vous devez dès maintenant discipliner Pierre; vous réaliserez alors les désirs profonds de votre coeur.

Jacques est un juge intègre: « *J'avais l'équité pour manteau et turban.* » (Job 29:14.) Ceci veut dire qu'à partir du moment où vous dominez la faculté appelée Jacques, vous prenez une décision complète, parfaite, et qui considère tous les aspects de la question. Notre jugement (nos convictions) est le manteau (la vérité) et le turban (la beauté et la perfection). Vous vous demandez: « Comment est-ce aux Cieux, près de Dieu? » Vous vous rendez compte de la présence de Dieu dans les autres; ainsi votre verdict est l'Harmonie, la Santé et la Paix mêmes.

Vous condamnez, vous critiquez ou vous vous acharnez sur les travers des autres? Si c'est vrai, vous n'avez pas appelé Jacques votre disciple, et du même coup, vous stoppez en vous ces qualités négatives. On devient ce que l'on condamne. Regardez autour de vous et vous en verrez des preuves suffisantes.

Êtes-vous au contraire incapable d'entendre des choses désagréables au sujet de quelqu'un d'autre? Voyez-vous seulement les qualités de ceux qui vous entourent? Celui qui recherche la Vérité en ayant Jacques pour disciple ne laisse jamais courir de bruits, de reproches sur le compte de qui que ce soit. S'il entend des on-dit et qu'ils sont vrais, il n'en soufflera mot: « Que nul ne pense du mal de son prochain. » (Zacharie 8:17.) Faisons de cette faculté notre disciple.

Jean est l'incarnation de l'amour. L'amour est l'esprit de Dieu en action; c'est aussi un attachement émotionnel. Il va de pair avec votre idéal. « *Et nous savons qu'avec ceux qui l'aiment, Dieu collabore en tout pour leur bien, avec ceux qu'il a appelés selon son dessin.* » (Rom. 8:28.) Aimez-vous Dieu en ce moment? Dieu et le bien sont synonymes dans toutes les Saintes Écritures. Si nous avons le coup de foudre pour les qualités telles que l'honnêteté, l'intégrité, le succès, la paix et la justice, et si nous aimons la vérité pour elle-même, nous aimons Dieu et le bien.

Craignez-vous l'avenir? Vous avez peur pour votre famille, vos amis, vos affaires? Bref, vous êtes malheureux. Si c'est le cas, vous pouvez être certain que vous n'aimez pas Dieu (ou le bien). Vous aimez ce qui vous limite. Vous avez peur de l'échec? Si telle est votre crainte, vous vous condamnez à devenir un raté.

Avez-vous de la rancune envers quelqu'un? Si oui, vous ne maîtrisez pas Jean. Vous devez pardonner à autrui, autrement il n'y a pas d'amour en vous. Aimez votre prochain en vous réjouissant du fait que celui qui vous a trompé vit joyeux et heureux. Proclamez que la loi de Dieu travaille pour lui, au travers de lui et autour de lui, et que la paix remplit son esprit, son corps et ses occupations. Pouvez-vous maintenant vous réjouir en recevant de bonnes nouvelles au sujet de l'ennemi que vous vous êtes fait hier? Si ce n'est pas le cas, vous ne possédez pas cette faculté. Vous n'incarnez pas votre idéal, vous n'avez pas Jean pour disciple.

Philippe signifie, spirituellement, « celui qui aime les chevaux ». Un entraîneur de chevaux est ferme mais doux; il ne frappe pas les bêtes tout en leur faisant comprendre qu'il est le maître. L'entraîneur est persévérant, il a cette qualité dont beaucoup sont dépourvus: la ténacité. Philippe est en conséquence la faculté de l'esprit qui vous permet de vous servir de votre puissance, mais avec amour; donc, de dominer toute situation.

Lors d'un rodéo, vous voyez des chevaux sauvages et sans harnais, nul ne peut les monter plus de quelques secondes; c'est aussi le cas pour beaucoup de personnes. Vous avez en tête une idée nouvelle; vous en devenez passionné et il en résulte un état d'esprit merveilleux. Néanmoins, quelqu'un peut vous influencer, ou vous pouvez entendre des avis négatifs qui vous jettent à bas de votre monture (votre état d'esprit).

Par exemple, une jeune femme envisageait un voyage en Floride pendant la guerre. Elle avait prévu rendre visite à des amis près de Miami. Sur ces entrefaites, à la suite de remarques d'une amie, elle apprit que les conditions climatiques étaient mauvaises, que la nourriture était infecte et les prix inabordables, etc. Elle annula son voyage. Par après, elle réalisa qu'elle avait fait une erreur car elle s'était réjouie à l'avance d'y aller. Elle s'était laissée désarçonner par les insinuations négatives d'autrui.

Gardons toujours la même conviction et nous atteindrons Jérusalem (la Cité de la paix). En d'autres mots, ce sont les idées que l'on garde qui sont créatives. Vous êtes le maître et vous occupez le terrain. Peut-on vous influencer et vous faire changer d'idée? Les suggestions négatives, le ridicule et les critiques des autres vous jettent à bas de votre cheval? Si c'est vrai, vous ne dominez pas Philippe.

Est-ce que la mort de l'un de vos proches vous attriste et vous décourage, ou avez-vous de lui un souvenir heureux à chacun de ses anniversaires? Si vous êtes triste, vous n'avez pas appelé Philippe à être votre disciple.

Bartholomée signifie, d'après la Concordance, le fils de celui qui est labouré, cultivé, préparé pour les semailles. Spirituellement, il représente l'imagination. Et grâce à cette faculté, l'homme peut projeter toutes les idées qu'il conçoit sur l'écran de l'espace en matière et en formes. L'imagination disciplinée (le terrain labouré et le fils de celui qui est prêt aux semailles) n'est capable de se représenter que des états d'esprit aimables et plaisants. L'imagination et la foi sont les deux voies qui mènent au Saint des Saints.

Vous appelez Bartholomée à votre aide quand vous imaginez le résultat de vos désirs satisfaits et de vos prières exaucées. Si l'on vous fait de fausses prédictions, cela vous effraie et vous commencez à vous imaginer le mal et à le conjurer; c'est que vous n'avez pas eu recours à cette puissante faculté. Vous souhaitez du mal à quelqu'un d'autre? Vous imaginez-vous que votre fils va échouer à l'école ou que quelque chose de terrible va arriver à un membre de votre famille? Si vous laissez vivre en vous ces images négatives, vous n'avez pas pris Bartholomée pour disciple. Imaginez seulement les belles et les bonnes qualités. Que vos idéaux soient élevés et que votre jugement soit tel « le manteau et le turban ».

Thomas signifie ce qui est joint ou associé. Il représente l'homme avec des idées hybrides, celui qui doute. C'est la faculté de compréhension de l'homme. « *Acquiers la sagesse; et au prix de tout ce que tu possèdes, acquiers l'intelligence.* » (Proverbes 4:7.) La sagesse est la connaissance de Dieu. L'intelligence est l'application de cette connaissance pour résoudre les problèmes quotidiens et grandir spirituellement.

Votre raison et votre perception intellectuelle de la vérité sont ointes par le Saint-Esprit et vous allez de gloire en gloire. L'homme qui dompte cette faculté, Thomas, sait que sa conscience est son Dieu, l'origine de tout. C'est pour cela qu'il rejette toute rumeur, tout mensonge ou toute suggestion qui ne ressemble pas à Dieu ou à la vérité. Il va s'opposer, rejeter et refuser d'accepter toute pensée allant à l'encontre de la réalité. Qu'en est-il aux Cieux, près de Dieu?

Est-ce que la peur de la polio, qui reçoit une large publicité, vous trouble? Envoyez-vous vos enfants dans un endroit reculé pour échapper à la prétendue contagion?

Si c'est votre cas, vous avez peur et vous ne croyez pas en Dieu et au bien, et vous ne croyez pas non plus en l'ommipotence de Dieu. Si vous avez Thomas pour disciple, vous savez que vous avez Dieu à vos côtés. Il marche et parle en vous. Vous êtes l'habit qu'il porte en passant dans l'illusion de l'espace et du temps. Rendons-nous donc maîtres de Thomas. Alors, nous toucherons la Réalité et saurons que Dieu est.

Matthieu signifie « le don de Dieu, celui qui est donné totalement à Dieu », bref, Matthieu signifie votre désir. C'est le principe cosmique du désir en vous qui cherche à s'exprimer. Tout problème contient sa solution sous forme de désir. Si un homme est malade, il désire automatiquement la santé. Le désir (Matthieu) frappe déjà à la porte de cet homme. L'acceptation de ce désir, c'est la prière exaucée.

Dites-vous: « Je suis trop vieux », « Je manque d'intelligence », « C'est trop tard maintenant », « Je n'ai pas de chance »? Acceptez-vous sans réagir le diagnostic du médecin? Ou bien entrez-vous dans le jeu et dites-vous comme beaucoup d'anciens « *Mon âme glorifie le Seigneur* » (Luc 1:46)? Oui, vous allez en silence et vous augmentez la possibilité que votre désir se réalise. Si c'est la cas, vous avez pris Matthieu pour disciple. Quand vous rejetez votre désir, à savoir le don de Dieu qui vous satisferait ainsi que le monde, vous rejetez Matthieu.

Jacques le Mineur (Matthieu 10:3, Marc 15:40) signifie la faculté d'ordre ou l'esprit bien ordonné. L'ordre est la première loi des cieux. Quand on jouit de la paix de l'esprit, on a aussi la paix à la maison, dans les affaires et dans toute sa vie. Cette faculté est aussi appelée discernement.

Quimby, le père de la Nouvelle Pensée américaine, possédait cette qualité de manière assez développée. Il était capable de diagnostiquer ou d'interpréter toutes les causes de tous les maux ou maladies de ses patients. Il leur disait d'où venait le mal et quelle en était la cause mentale. Si nous allons chez le médecin, nous lui exposons tous les symptômes et l'endroit où nous avons mal. Mais Quimby faisait l'inverse, c'est lui qui le disait au patient. Tous étaient émerveillés de ce don. Il se mettait simplement sur la même longueur d'ondes que leur subconscient et, subjectivement, il percevait leur schéma mental. Son explication tenait lieu de cure. Quimby était un visionnaire. Lorsque cette faculté de clairvoyance est complètement développée, on aperçoit Dieu derrière les formes, la vérité derrière le masque. On voit la Réalité et la Présence de Dieu partout.

Blâmez-vous le gouvernement, les conditions extérieures, la famille, vos employés, etc., pour tout problème ou toute frustration que vous éprouvez? C'est facile de blâmer les autres. Êtes-vous capable d'interpréter ce que vous voyez ou bien vous fiez-vous aux apparences? Les apparences extérieures ne sont pas toujours dignes de confiance. Dominez donc Jacques le Mineur et que votre jugement soit clair comme le soleil de midi, qui ne fait pas d'ombre. Je suis sur mon ombre, et rien ne peut m'empêcher de porter un jugement équitable. Vous ne devez porter aucune ombre sur votre route, et ainsi vous rejetterez le monde de la confusion. Votre jugement sera équitable, il sera fait de paix et de perfection.

Thaddée signifie le coeur et la louange chaleureuse. Thaddée personnifie l'esprit exalté et joyeux. « *Et moi, une foix élevé de terre, j'attirerai tous les hommes à moi.* » *(Jean 12:2.)* Ceci constitue l'attitude d'esprit de l'homme qui a Thaddée pour disciple. Vous aidez les autres à se révéler en vous réjouissant de ce qu'ils possèdent et expriment tout ce que vous avez toujours souhaité les voir exprimer.

Vous pouvez louer la beauté des fleurs et elles croîtront magnifiquement. Demandez à la plante de se pencher pour vous embrasser, elle le fera. Elle poussera vers vous de telle sorte qu'il vous sera loisible de l'embrasser tout comme un chien sautera sur vos genoux quand vous lui faites comprendre que vous le cajolerez.

Si vous allez au restaurant et que la serveuse met beaucoup de temps pour vous servir, la critiquez-vous ou demandez-vous sa démission, ou bien encore l'élevez-vous dans votre conscience et la regardez-vous comme elle doit l'être?

Considérez-vous les hommes comme des mendiants? Si c'est vrai, c'est que vous les avez vêtus de guenilles. Alors qu'ils sont des rois marchant sur le chemin du roi! Donnons-leur les vêtements du salut et la robe de l'équité. Le mendiant sera transformé: il ne sera plus au coin de la rue, désormais. C'est une des manières de faire de Thaddée son disciple.

La louange irradie et donne gloire et beauté aux puissances intérieures de l'homme. Imitons-donc saint Thaddée et allons par les chemins louant le Seigneur.

Simon de Canaan est un autre disciple. Simon veut dire « entendre », c'est-à-dire celui qui écoute et obéit à la voix de l'éternel. Si vous maîtrisez cette faculté, vous cherchez et attendez une orientation spirituelle et une illumination venant directement de Dieu. Vous devenez calme et écoutez la petite voix, la vibration en vous qui jaillit et dit: « Viens, ceci est le bon chemin. »

On peut décrire Simon de Canaan comme étant la réceptivité à la voix intérieure de la sagesse, de la vérité et de la beauté. Ainsi, vous arriverez au pays de Canaan — la terre promise —, l'harmonie, la santé et la paix réalisées. Vous entendez seulement les bonnes nouvelles à votre sujet et à propos des autres. Vous vous attendez au mieux. Celui qui domine cette faculté vit dans un climat d'attente joyeuse. Immanquablement, il ne lui arrivera que du bien. La parole de Dieu passe avant son intérêt personnel. *Yahvé marchait avec eux, le jour dans une colonne de nuée pour leur indiquer la route, et la nuit dans une colonne de feu pour les éclairer, afin qu'ils puissent marcher de jour et de nuit.* (Exode 13:21.)

Colportez-vous des ragots, observez-vous à la loupe ce que les autres font, les critiquez-vous et rendez-vous les coups? Ces qualités négatives vous empêcheront de maîtriser cette faculté importante de l'esprit. Ne regardez-vous que les bons côtés d'autrui? Si vous le pouvez, persévérez. La Vérité vous conduira au pays de l'abondance (Canaan) ruisselant du lait de la vie éternelle et du miel de la sagesse immaculée.

Judas signifie la limitation, l'impression de manque, le désir, les forces de la vie dont on ne peut faire usage. Nous sommes tous nés avec Judas en nous, car nous avons vu le jour dans un monde où nous sommes conscients de nos limites: le temps, l'espace, les distances, etc. « *Tu étais en Éden, au jardin de Dieu; mille pierres précieuses formaient ton manteau.* (Ezéchiel 28:13.) En effet, nous étions dans un pays où le désir n'existait pas! Maintenant nous sommes dans un monde tridimensionnel; nous avons des désirs. Les échecs répétés lors de la réalisation de nos désirs, de nos espoirs et de nos idéaux les plus chers, provoquent la frustration et la discorde. Un manque de compréhension a allumé en l'homme la convoitise, la haine, l'envie de déposséder autrui de ses biens, de son terrain, de ses avoirs. On rapporte que Judas était celui des disciples qui portait le sac d'argent (le sentiment de besoin et de limitation). Quand nous maîtrisons cette faculté, elle s'avère être la plus importante car elle nous révèle la vérité qui nous libère.

Nous avons appris que Judas a trahi Jésus. Si je vous trahis c'est que je connais votre secret; le secret c'est le Christ ou la Sagesse. Trahir veut dire « révéler ». Chaque problème révèle sa propre solution sous forme de désir. Le personnage de Judas est nécessaire à la mise en scène; car nous découvrons le Christ en nous grâce à nos problèmes. En effet, quand nous acceptons nos désirs, symbolisés par Judas (le désir) donnant un baiser au Christ (un acte d'amour), le premier meurt en se suicidant, et le Sauveur (notre prière exaucée) se révèle et se manifeste à nos yeux.

Aussi longtemps que le désir vit en vous, c'est que vous ne l'avez pas réalisé. Néanmoins, à partir du moment où le désir disparaît, dès lors que vous acceptez votre bien et en êtes convaincu, un sentiment de paix vous envahit. Au fond, quand l'homme rejette les fausses croyances, les peurs, les superstitions et les préjugés raciaux, le Christ, qui signifie la présence de Dieu en nous est révélé, parce que Dieu est la quintessence de l'Homme. Alors il appelle Mazzaroth (Lucifer — l'étoile du matin) « Peux-tu amener l'étoile du matin en sa saison? » (Job 38:32.) Le Judas en vous (sentiment de limitation et de servitude) est transformé et racheté lorsque vous abandonnez la croyance en l'appartenance à une certaine race, classe d'âge ou nationalité, etc.

Vous maîtrisez Judas quand vous vous abandonnez à l'Amour divin et quand vous vous consacrez à un but respectable. L'Amour divin surmonte tous les problèmes et rend l'Homme sensé à son état de pureté originel. L'Esprit Saint vous bénit; vous êtes ressuscité et Dieu fait homme se révèle. Entretenez-vous des préjugés religieux ou politiques? Souhaitez-vous les garder? Si c'est le cas, vous ne dominez pas Judas parce que Judas symbolise le détachement qui est une divine indifférence. L'indifférence, c'est le lien qui se défait. L'amour est ce qui nous rattache au bien, c'est-à-dire que nous détournons notre attention de ce que nous ne voulons pas et que nous nous concentrons sur notre bien et notre idéal. L'amour est l'attention chaleureuse et le respect de la vérité; vous ne devez aimer aucune autre puissance. Vous devez vous-même tuer Judas. Dès lors que vous rejetez toutes les fausses croyances, vous réintégrez les jardins du Seigneur: « Tu étais couvert de pierres précieuses. » (Ezéchiel 28:13.)

Oui, en vérité, vous êtes le Christ. En lui, il n'y a ni Juifs, ni Grecs, ni servitudes, ni libertés, ni masculin, ni féminin. (Gal. 3:28.) Vous faisiez un avec Dieu au début; et Dieu était à l'origine. Chaque homme est le fils unique de Dieu car chaque homme descend de lui. Vous devez vous éveiller à votre essence et découvrir qui vous êtes, des fils de Dieu ou son expression sur terre.

Vous, lecteur, représentez Jésus et les douze apôtres. Tel le soleil qui parcourt le cycle du Zodiaque, en vous aussi, symboliquement, le soleil doit passer par le cycle des douze facultés et leur insuffler la Lumière et la Vie de Celui qui est. Dès que vous parvenez à discipliner ces facultés, tel qu'indiqué dans cet ouvrage, vous devenez consciemment comme une émanation divine réduisant en miettes les barrières entre les hommes.

Vous devez recréer l'image de l'homme idéal, Jésus-Christ et non pas garder cette image hideuse, vieille de deux mille ans, représentant un supplicié perdant son sang sur la croix, la tête ceinte d'une couronne d'épines. Racontons à nos jeunes gens la vraie histoire psychologique de Jésus, ainsi tous les garçons et toutes les filles voudront imiter le Vainqueur. Personne ne veut être perdant. Nous avons cherché « la parole perdue » n'étant pas du tout conscients que nous la découvririons mangeant à notre table au milieu de nous, et marquée d'une étoile scintillante ou près d'un buisson ardent.

Cette étoile brillante est le Verbe. Vous pouvez la trouver et ainsi devenir chrétiens, c'est-à-dire éveillés à votre propre divinité, et retrouver la gloire qui était vôtre avant que le monde soit. *Je t'ai glorifié sur la terre, en menant à bonne fin l'oeuvre que tu m'as donné de faire. Et maintenant, Père, glorifie-moi auprès de toi de la gloire que j'avais auprès de toi avant que fût le monde.* (Jean 17:4-5.) Avant que le monde soit, avant qu'Abraham soit, quand toutes choses cessent d'exister, Je Suis.

Commentaire du chapitre 40 du Livre de Job

(3) Et Job répondit à Yahvé: (4) « J'ai parlé à la légère: que te répliquerai-je? Je mettrai plutôt ma main sur ma bouche. »

Job à ce moment ressent la Présence en lui et il est disposé à se calmer, à ne plus rouspéter et à tenir compte de la réalité. Comme Emerson le dit dans un de ses essais:

« La Religion est le sentiment de respect que la présence de l'esprit universel provoque en chacun de nous. »

Le nouveau Job, l'homme éclairé qui est conscient de la présence jaillissante d'Élihu en lui, dépasse les divers stades de la conscience décrits au cours du scénario de sa vie; on peut suivre toute son évolution partant de la conscience du corps et de ses cinq sens, jusqu'au Job revitalisé et prêt à écouter la voix de la Vérité. À présent, Job voit la lumière et dit: *« Moi, l'imparfait (comme Job), je vénère ma propre perfection. »* (Emerson)

> (10) Allons, pare-toi de majesté et de grandeur, revêts-toi de splendeur et de gloire. (14) Et moi-même je te rendrai hommage, car tu peux assurer ton salut par ta droite.

Ces versets indiquent que vous devez prendre l'initiative et que Dieu vous répondra. C'est le principe d'action-réaction. Si vous répondez aux exigences et si vous avez la réceptivité mentale nécessaire, vous recevrez toujours une réponse de la présence divine sise en votre conscience subliminale. Dieu apporte quelque chose de merveilleux au monde en utilisant vos pensées. Tout ce qu'il fait pour vous, il le fait à travers vous. Dieu vous a déjà tout donné: il a créé votre corps, conçu le monde, fait démarrer le battement de votre coeur et vous a donné une conscience et un subconscient. Il contrôle aussi automatiquement toute les fonctions de votre corps. Néanmoins, afin que vous progressiez et croissiez spirituellement, vous devez, à partir de maintenant, utiliser la force de votre réflexion pour lancer de nouveaux projets.

> (15) Mais regarde donc Béhémoth, ma créature, tout comme toi! Il se nourrit d'herbe, comme le boeuf.

Certains choisissent une interprétation complètement erronée du terme « Béhémoth » et vous donnent une leçon de sciences naturelles sur l'hippopotame et son mode de vie. Le Béhémoth est le symbole de la raison primaire basée sur la causalité physique. On peut parler énormément du cancer, de la tuberculose, de la poliomyélite et, à moins que l'on ait entendu parler de la Vérité, on ne sera pas libéré de cette erreur. La maladie est reliée à l'esprit et vous devez savoir que le germe du cancer est la peur qui perturbe l'esprit, ce dernier se condense alors et prend la forme de n'importe quelle idée ou image mentale qu'il reçoit.

> (19) C'est lui la première des oeuvres de Dieu. Son Auteur le menaça de l'épée, (20) lui interdit la région des montagnes et toutes les bêtes sauvages qui s'y ébattent.

Le raisonnement, l'esprit conscient, notre libre choix, c'est ce qui gouverne l'action de Dieu en ce sens que tout ce en quoi vous croyez gouverne vos actions. Béhémoth s'alimente d'opinions, d'intuitions et de peurs, etc. Vous devez être armé de l'efficacité spirituelle et de la clarté de pensée pour détruire tout faux raisonnement basé sur une supposée opposition des forces. La croyance ou idée qu'il existe des forces antagonistes est une illusion et un leurre.

> (23) Si le fleuve déborde il ne s'émeut pas; un Jourdain lui jaillirait jusqu'à la gueule sans qu'il bronche. (24) Qui donc le saisira par les yeux, lui percera le nez avec des pieux?

Béhémoth, le symbole de la causalité purement physique des faits, est si puissant que votre devoir doit être solidement ancré en vous. Vous devez être convaincu que la Puissance infinie est la seule Vérité et que le reste n'est que mensonge. Le mal semble être une des forces agissantes du monde mais il ne fait vraiment pas partie de la réalité. La croyance que vous leur accordez vous fait ramper devant les illusions et les notions fausses, et vous croyez aux jeux de l'esprit collectif de la race.

Commentaire du chapitre 41 du Livre de Job

(1) Ton espérance serait illusoire, car sa vue seule sufit à terrasser. (2) Il devient féroce quand on l'éveille, qui peut lui résister en face?

Léviathan, le serpent pervers d'Isaïe, est le symbole de la croyance au mal (la dualité, la croyance en deux forces, soit le bien et le mal). Sans Béhémoth (le raisonnement biaisé sur des prémisses fausses) Léviathan ne serait pas. L'ignorance engendre le mal, car si vous ne reconnaissez pas Dieu en vous, vous êtes porté à croire qu'il est à l'extérieur de vous, ou bien encore quelque part aux Cieux. Sachant que Dieu est votre essence, votre conscience va redescendre de la montagne de ses erreurs.

(8) Ils se touchent de si près qu'un souffle ne peut s'y infiltrer.

Ne résistez pas au mal. Ne soyez pas fâché contre lui car il se fera plus tenace. Surmontez le mal par le bien ou la contemplation de la Présence divine.

(17) Quand il se dresse, les flots prennent peur et les vagues de la mer se retirent.

La croyance en la causalité physique est si intimement liée à nos sens qu'ils ne peuvent s'en détacher un instant sans que nous soyons conscients des réalités spirituelles. Seul celui qui créa Léviathan et Béhémoth peut les tuer. Tout ce problème relève de la Conscience divine. Bien penser est toujours miraculeux — c'est d'ailleurs la marque de la Présence divine en l'homme.

(22) Il a sous lui des tessons aigus, comme une herse il passe sur la vase.

Certaines personnes aiment tout simplement à être malades et à remercier Dieu lorsqu'elles se sentent un peu mieux. À force de s'apitoyer sur leur sort, elles réussissent à avoir le complexe du martyr.

Léviathan — l'évidence des sens, la croyance en l'esprit de la race, etc. — règne sur tous les gens fiers de cette façon: le sentiment du mal (l'évidence des sens) est fier de ses enfants (armes de guerre, persécutions religieuses, préjugés raciaux, etc.). La progéniture du mal ne verrait pas le jour si vous vous souveniez de la Puissance et de la Présence divines en vous et que vous sentiez très précisément leur réalité.

Commentaire du chapitre 42 du Livre de Job

> (5) Je ne te connaissais que par ouï-dire, mais maintenant mes yeux t'ont vu.

Job perçoit maintenant intérieurement la vérité sur Dieu. Ses sens n'ont plus de raisons extérieures d'avoir peur et il n'est plus effrayé par la voix menaçante du monde. La lumière de la foi en Dieu s'allume en lui et il voit les grandes vérités divines comme un élève vérifie une équation chimique. Job est convaincu de la bonté et de la disponibilité continue de la Présence divine à tout moment et en toutes circonstances. La lumière de Celui-Qui-Est-En-Lui luit dans son esprit, il comprend et il voit intérieurement la manière d'agir de Dieu. Job peut maintenant constater la présence de toute bonne chose, même si elle n'est pas visible à l'oeil nu ou pour l'esprit conscient. L'Intelligence divine agit comme sa Lumière, il marche dans la liberté, l'abondance et la paix de l'esprit.

> (7) Après qu'il eut ainsi parlé à Job, Yahvé s'adressa à Éliphaz de Témân: « Ma colère s'est enflammée contre toi et tes deux amis, car vous n'avez

pas parlé de moi avec droiture comme l'a fait mon serviteur Job. (8) Et maintenant, procurez-vous sept taureaux et sept béliers, puis allez vers mon serviteur Job. Vous offrirez pour vous un holocauste, tandis que mon serviteur Job priera pour vous. J'aurai égard à lui et ne vous infligerai pas ma disgrâce pour n'avoir pas, comme mon serviteur Job, parlé avec droiture de moi. » (9) Éliphaz de Témân Bildad de Shuah, Çophar de Naamat s'en furent exécuter l'ordre de Yahvé et Yahvé eut égard à Job.

Dans ces versets, le problème ne se pose plus et tout le conflit mental n'a plus sa raison d'être. Dieu accueille Job comme son nouveau fils et discrédite ses faux amis, qui se prononçaient en faveur de croyances biaisées et d'influences incontrôlées de l'esprit de la race. Ceux-ci en oubliaient la vérité, car ils racontaient des mensonges à propos de la nature de Dieu.

Le verset 8 énonce l'essence de la loi lévitique du sacrifice. La raison éclairée de l'homme nouveau est tenue d'accepter tous les idéaux venant des cinq sens, en plus de la capacité créatrice de la conscience et du subconscient (concevant et créant), et d'avoir recours à ces sept sens ou facultés créatrices (symbolisées par sept béliers) de façon adéquate. C'est-à-dire se placer mentalement dans la ligne de la Puissance infinie et de l'Amour sans bornes. Ce faisant, il détruit dans l'esprit tout ce qui ne ressemble pas à Dieu, physiquement et spirituellement. Afin de progresser spirituellement, nous devons remonter à ces bagatelles pour nous tourner vers le Très-Haut. Ceci est symbolisé dans ces versets par le sacrifice des animaux.

Vous sacrifiez la raison négative et destructrice — à laquelle vous renoncez — ainsi que toute émotion négative pour faire place dans votre âme (votre subconscient) aux qualités supérieures de bonté, d'amour et de vérité. Sacrifier des animaux équivaut à pratiquer la grande loi de la substitution, comme, par exemple, donner de l'amour pour de la haine, apporter de la joie là où il y a de la tristesse, éclairer là où il y a des ténèbres et pardonner là où il y a mauvaise volonté.

Les sens de Job (Éliphaz), son intelligence (bildad), et sa sensibilité (Çophar) sont réorientés et bénis spirituellement, et sont ainsi prêts à pénétrer dans le Saint des Saints, au cœur du temple, sis sur la montagne sacrée. Tout ceci veut dire que vous arrêtez les rouages de votre esprit, que vous êtes maintenant conscient que l'Éternel pense à vous et que ses pensées sont harmonie, paix, joie, extase et illumination. À la lumière de ce nouvel état de conscience, la philosophie (Éliphaz) est considérée comme la sagesse divine, la théologie (Bildad) comme la connaissance véritable de Dieu et la psychologie (Çophar) comme l'âme divine qui apporte la paix à l'esprit troublé.

> (10) Et Yahvé restaura la situation de Job, tandis qu'il intercédait pour ses amis; et même Yahvé accrut au double tous les biens de Job.

Vos amis sont la paix, la santé, la joie et tout ce qui augmente votre sécurité intérieure. Vous donnez la mesure de vos capacités et délaissez à tout jamais la servitude, l'esclavage et la misère lorsque vous faites vôtres les qualités et les attributs divins et quand vous acceptez mentalement les bienfaits du ciel. Ce que vous affirmez et tenez pour vrai, l'Esprit en vous le respectera et le concrétisera dans votre expérience; ainsi, vous découvrirez que c'est Dieu qui fait fructifier et multiplier vos biens, même à l'excès. Beaucoup souffrent d'arthrite, de rhumatismes ou d'asthme, mais ils se rendent compte que lorsqu'ils prient pour d'autres qui souffrent de la même maladie, ils connaissent eux aussi une guérison miraculeuse.

La meilleure manière d'oublier les contraintes et de libérer votre esprit de vos tracas, de vos problèmes, de vos difficultés et de vos douleurs, c'est de prier pour autrui. Faites-le sincèrement, aussi souvent que possible jusqu'à ce que la situation s'améliore. En le faisant, vous trouverez votre fardeau plus léger et la colombe de la paix vous chuchotera à l'oreille: « Que la paix soit. »

J'ai appris à beaucoup de personnes, souffrant de dépression ou de mélancolie, à prier pour quelqu'un de leur quartier, quelqu'un qui venait peut-être d'avoir un infarctus ou un avis d'expulsion. Je les ai aussi encouragés à rendre visite à des amis dont la situation était difficile et à les soutenir autant que possible par la prière en leur suggérant de réorienter leurs intérêts dans une direction plus constructive. Priez pour vos amis et il se produira des miracles.

> (11) Celui-ci vit venir vers lui tous ses frères et toutes ses soeurs ainsi que tous ceux qui le fréquentaient autrefois. Partageant le pain avec lui dans sa maison, ils s'apitoyaient sur lui et le consolaient de tous les maux que Yahvé lui avait infligés. Chacun lui fit cadeau d'une pièce d'argent, chacun lui laissa un anneau d'or. (12) Yahvé bénit la condition dernière de Job plus encore que l'ancienne. Il posséda quatorze mille brebis, six mille chameaux, mille paires de boeufs et mille ânesses. (13) Il eut sept fils et trois filles. (14) La première, il la nomma « Tourterelle », la seconde « Cinnamome » et la troisième « Corne à fard ». (15) Dans tout le pays on ne trouvait pas d'aussi belles femmes que les filles de Job. Et leur père leur donna une part d'héritage en compagnie de leurs frères. (16) Après cela Job vécut encore cent quarante ans, et il vit ses fils et les fils de ses fils jusqu'à la quatrième génération. (17) Puis Job mourut chargé d'ans et rassasié de jours.

Ces versets décrivent la scène où se produit la métamorphose réelle de la vie de Job. Ses sept fils (ses sens réactivés et revivifiés) et les puissances créatrices de son esprit subjectif, tels que le désir (Jemima), la décision et la conception (Kerzia) et la manifestation (Keren-Happuch) sont tous unis sur la croix mystique et magique de la véritable identification des vérités divines éternelles (la transfiguration), qui libère Job de toutes les limites et le remet à la tête de sa lignée, dans un état d'esprit plus évolué, qui ne peut être atteint que par une communion intime avec Dieu.

Que ces grandes vérités du Livre de Job, au sujet desquelles nous venons de disserter dans ces chapitres, soient comme un sachet de myrrhe, de safran et de cannelle que vous porterez sur votre coeur, et qui vous permettra de laisser s'évader du trésor de l'éternité le doux parfum de la Divinité, maintenant et pour toujours.

Lithographié au Canada
sur les presses de
Métropole Litho Inc.

Ouvrages parus chez

 le jour,
éditeur

COLLECTION BEST-SELLERS

* **Comment aimer vivre seul,** Lynn Shahan
* **Comment faire l'amour à une femme,** Michael Morgenstern
* **Comment faire l'amour à un homme,** Alexandra Penney

* **Grand livre des horoscopes chinois, Le,** Theodora Lau
Maîtriser la douleur, Meg Bogin
Personne n'est parfait, Dr H. Weisinger, N.M. Lobsenz

COLLECTION ACTUALISATION

* **Agressivité créatrice, L',** Dr G.R. Bach, Dr H. Goldberg
* **Aider les jeunes à choisir,** Dr S.B. Simon, S. Wendkos Olds
Au centre de soi, Dr Eugene T. Gendlin
Clefs de la confiance, Les, Dr Jack Gibb
* **Enseignants efficaces,** Dr Thomas Gordon
États d'esprit, Dr William Glasser

* **Être homme,** Dr Herb Goldberg
* **Jouer le tout pour le tout,** Carl Frederick
* **Mangez ce qui vous chante,** Dr L. Pearson, Dr L. Dangott, K. Saekel
* **Parents efficaces,** Dr Thomas Gordon
* **Partenaires,** Dr G.R. Bach, R.M. Deutsch
Secrets de la communication, Les, R. Bandler, J. Grinder

COLLECTION VIVRE

* **Auto-hypnose, L',** Leslie M. LeCron
Chemin infaillible du succès, Le, W. Clement Stone
* **Comment dominer et influencer les autres,** H.W. Gabriel
Contrôle de soi par la relaxation, Le, Claude Marcotte
Découvrez l'inconscient par la parapsychologie, Milan Ryzl
Espaces intérieurs, Les, Dr Howard Eisenberg

Être efficace, Marc Hanot
Fabriquer sa chance, Bernard Gittelson
Harmonie, une poursuite du succès, L', Raymond Vincent
* **Miracle de votre esprit, Le,** Dr Joseph Murphy
* **Négocier, entre vaincre et convaincre,** Dr Tessa Albert Warschaw

* On n'a rien pour rien, Raymond Vincent
Parlez pour qu'on vous écoute, Michèle Brien
Pensée constructive et le bon sens, La, Raymond Vincent
* Principe du plaisir, Le, Dr Jack Birnbaum
* Puissance de votre subconscient, La, Dr Joseph Murphy
Reconquête de soi, La, Dr James Paupst, Toni Robinson
* Réfléchissez et devenez riche, Napoleon Hill
Règles d'or de la vente, Les, George N. Kahn
Réussir, Marc Hanot
* Rythmes de votre corps, Les, Lee Weston
* Se connaître et connaître les autres, Hanns Kurth
* Succès par la pensée constructive, Le, N. Hill, W.C. Stone
Triomphez de vous-même et des autres, Dr Joseph Murphy
Vaincre la dépression par la volonté et l'action, Claude Marcotte
* Vivre, c'est vendre, Jean-Marc Chaput
Votre perception extra-sensorielle, Dr Milan Ryzl

COLLECTION VIVRE SON CORPS

Drogues, extases et dangers, Les, Bruno Boutot
* Massage en profondeur, Le, Jack Painter, Michel Bélair
* Massage pour tous, Le, Gilles Morand
* Orgasme au féminin, L', Christine L'Heureux
* Orgasme au masculin, L', sous la direction de Bruno Boutot
* Orgasme au pluriel, L', Yves Boudreau
Pornographie, La, Collectif
Première fois, La, Christine L'Heureux
Sexualité expliquée aux adolescents, La, Yves Boudreau

COLLECTION IDÉELLES

Femme expliquée, La, Dominique Brunet
Femmes et politique, sous la direction de Yolande Cohen

HORS-COLLECTION

1500 prénoms et leur signification, Jeanne Grisé-Allard
Bien s'assurer, Carole Boudreault et André Lafrance

Autres ouvrages parus aux Éditions du Jour

ALIMENTATION ET SANTÉ

ART CULINAIRE

DOCUMENTS ET BIOGRAPHIES

ENFANCE ET MATERNITÉ

Enfants du divorce se racontent, Les, Bonnie Robson

Famille moderne et son avenir, La, Lynn Richards

ENTREPRISE ET CORPORATISME

Administration et la prise, L', P. Filiatrault, Y.G. Perreault

Administration, développement, M. Laflamme, A. Roy

Assemblées délibérantes, Claude Béland

Assoiffés du crédit, Les, Fédération des A.C.E.F. du Québec

Coopératives d'habitation, Les, Murielle Leduc

Mouvement coopératif québécois, Gaston Deschênes

Stratégie et organisation, J.G. Desforges, C. Vianney

Vers un monde coopératif, Georges Davidovic

GUIDES PRATIQUES

550 métiers et professions, Françoise Charneux Helmy

Astrologie et vous, L', André-Pierre Boucher

Backgammon, Denis Lesage

Bridge, notions de base, Denis Lesage

Choisir sa carrière, Françoise Charneux Helmy

Croyances et pratiques populaires, Pierre Desruisseaux

Décoration, La, D. Carrier, N. Houle

Des mots et des phrases, T. I, Gérard Dagenais

Des mots et des phrases, T. II, Gérard Dagenais

Diagrammes de courtepointes, Lucille Faucher

Dis papa, c'est encore loin?, Francis Corpatnauy

Douze cents nouveaux trucs, Jeanne Grisé-Allard

Encore des trucs, Jeanne Grisé-Allard

Graphologie, La, Anne-Marie Cobbaert

Greffe des cheveux vivants, La, Dr Guy, Dr B. Blanchard

Guide de l'aventure, N. et D. Bertolino

Guide du chat et de son maître, Dr L. Laliberté-Robert, Dr J.P. Robert

Guide du chien et de son maître, Dr L. Laliberté-Robert, Dr J.P. Robert

Macramé-patrons, Paulette Hervieux

Mille trucs, madame, Jeanne Grisé-Allard

Monsieur Bricole, André Daveluy
Petite encyclopédie du bricoleur, André Daveluy
Parapsychologie, La, Dr Milan Ryzl
Poissons de nos eaux, Les, Claude Melançon
Psychologie de l'adolescent, La, Françoise Cholette-Pérusse
Psychologie du suicide chez l'adolescent, La, Brenda Rapkin
Qui êtes-vous? L'astrologie répond, Tiphaine

Régulation naturelle des naissances, La, Art Rosenblum
Sexualité expliquée aux enfants, La, Françoise Cholette-Pérusse
Techniques du macramé, Paulette Hervieux
Toujours des trucs, Jeanne Grisé-Allard
Toutes les races de chats, Dr Louise Laliberté-Robert
Vivre en amour, Isabelle Lapierre-Delisle

LITTÉRATURE

À la mort de mes vingt ans, P.O. Gagnon
Ah! mes aïeux, Jacques Hébert
Bois brûlé, Jean-Louis Roux
C't'a ton tour, Laura Cadieux, Michel Tremblay
Coeur de la baleine bleue, (poche), Jacques Poulin
Coffret Petit Jour, Abbé J. Martucci, P. Baillargeon, J. Poulin, M. Tremblay
Colin-maillard, Louis Hémon
Contes pour buveurs attardés, Michel Tremblay
Contes érotiques indiens, Herbert T. Schwartz
De Z à A, Serge Losique
Deux millième étage, Roch Carrier
Le dragon d'eau, R.F. Holland
Éternellement vôtre, Claude Péloquin
Femme qu'il aimait, La, Martin Ralph
Filles de joie et filles du roi, Gustave Lanctôt
Floralie, où es-tu?, Roch Carrier
Fou, Le, Pierre Châtillon
Il est par là le soleil, Roch Carrier

J'ai le goût de vivre, Isabelle Delisle
J'avais oublié que l'amour fût si beau, Yvette Doré-Joyal
Jean-Paul ou les hasards de la vie, Marcel Bellier
Jérémie et Barabas, F. Gertel
Johnny Bungalow, Paul Villeneuve
Jolis deuils, Roch Carrier
Lapokalipso, Raoul Duguay
Lettre à un Français qui veut émigrer au Québec, Carl Dubuc
Lettres d'amour, Maurice Champagne
Une lune de trop, Alphonse Gagnon
Ma chienne de vie, Jean-Guy Labrosse
Manifeste de l'infonie, Raoul Duguay
Marche du bonheur, La, Gilbert Normand
Meilleurs d'entre nous, Les, Henri Lamoureux
Mémoires d'un Esquimau, Maurice Métayer
Mon cheval pour un royaume, Jacques Poulin
N'Tsuk, Yves Thériault
Neige et le feu, La, (poche), Pierre Baillargeon

Obscénité et liberté, Jacques Hébert
Oslovik fait la bombe, Oslovik
Parlez-moi d'humour, Normand
Hudon
Scandale est nécessaire, Le, Pierre
Baillargeon

Trois jours en prison, Jacques Hébert
Voyage à Terre-Neuve, Comte de
Gébineau

SPORTS

Baseball-Montréal, Bertrand B. Leblanc

Chasse au Québec, La, Serge Deyglun

Exercices physiques pour tous, Guy Bohémier

Grande forme, Brigitte Baer

Guide des sentiers de raquette, Guy Côté

Guide des rivières du Québec, F.W.C.C.

Hébertisme au Québec, L', Daniel A. Bellemare

Lecture de cartes et orientation en forêt, Serge Godin

Nutrition de l'athlète, La, Jean-Marc Brunet

Offensive rouge, L', G. Bonhomme, J. Caron, C. Pelchat

Pêche sportive au Québec, La, Serge Deyglun

Raquette, La, Gérard Lortie

Ski de randonnée — Cantons de l'Est, Guy Côté

Ski de randonnée — Lanaudière, Guy Côté

Ski de randonnée — Laurentides, Guy Côté

Ski de randonnée — Montréal, Guy Côté

Ski nordique de randonnée et ski de fond, Michael Brady

Technique canadienne de ski, Lorne Oakie O'Connor

Truite, la pêche à la mouche, Jeannot Ruel

La voile, un jeu d'enfant, Mario Brunet

Imprimé au Canada/Printed in Canada